- MICHAEL REPKOWSKY -

VERGANGENHEIT LOSLASSEN LERNEN

W0273161

5 Schritte in ein glückliches Leben

Inhaltsverzeichnis

Vorwort

Wer fliegen will, muss loslassen, was ihn runterzieht und das ist in sehr vielen Fällen die eigene Vergangenheit. Strebt man nach Frieden, spielt der Umgang mit ihr eine bedeutende Rolle. Bei genauer Betrachtung, genügend Selbtsreflexion und der nötigen, emotionalen Distanz, erkennt man rückblickend ein beachtliches Lebens-Netz. Eines, das jenem einer Spinne ähnelt. Jede Erfahrung, jedes Tief, jedes Hoch, jede Begegnung, jede Niederlage und jeder Sieg ergeben zusammen ein stimmiges Bild. In der Gegenwart entscheiden wir stets selbst, wie wir dieses betrachten. Wir können auf gewisse Erfolge stolz sein oder uns ein Lächeln ins Gesicht zaubern, indem wir beispielsweise an eine herzliche Beziehung zurückdenken. Das Lebens-Netz bietet auch die Möglichkeit, uns lustige Momente ins Gedächtnis zu rufen. Ein angenehmes Gefühl, das in einer bestimmten Lebensphase präsent war, kann durch ein Lied, das zu dieser Zeit aktuell war, hervorgerufen werden. Jedoch besteht auch die Möglichkeit all die schönen Dinge auszublenden. Sicher, es kann wundervoll sein, das eigene Netz distanziert zu betrachten. Wird der gesunde Abstand jedoch nicht eingehalten, kann man sich darin verfangen. Da wieder raus zu kommen erweist sich häufig als mühsame

Herausforderung. Die Erinnerungen der Vergangenheit ergreifen einen, wie klebrige Fäden und das Gefühl von Unfreiheit macht sich in der Gegenwart breit. Gefangen im eigenen Netz, fuchteln wir mit allen Gliedmaßen panisch rum. Wir versuchen uns wieder frei zu machen und vor lauter Aufregung richten wir unsere völlige Aufmerksamkeit auf das augenscheinliche Problem.

Die Lösung könnte sich direkt vor uns befinden. Sie zu erkennen, wäre aber kaum möglich, da wir uns hektisch in alle Richtungen drehen und unsere Augen mittlerweile verklebt sind. Wir wissen, dass wir selbst an der Vergangenheit festhalten. Uns ist bekannt, dass wir uns selbst Stoppschilder aufstellen. Wir peitschen uns selbst und verwehren uns die Möglichkeit, uns von schmerzhaften Erfahrungen zu verabschieden. Intuitiv wissen wir aber, dass unser Leben immer nur jetzt, in diesem Moment stattfindet.

"GESTERN IST VORBEI, MORGEN NOCH NICHT DA.
LEBE JETZT, EGAL WAS MORGEN KOMMT UND IRGENDWANN MAL WAR"

In diesem Buch möchte ich dir vorrangig eines zu verstehen geben. Eine Wahrheit die dich vor dem klebrigen Lebens-Netz fernhalten kann. Zwei Wörter

die, wenn sie richtig verstanden, verinnerlicht und angewendet werden, wahre Wunder bewirken können. Kraftvoll dennoch schlicht lauten sie: *Du entscheidest.* Da ich oftmals um Rat gebeten werde, habe ich entschieden dieses Buch zu schreiben. In der Tat ist der gesunde Umgang mit der eigenen Vergangenheit ein breitgefächertes Thema. Einerseits erstreckt es sich in alle möglichen Bereiche und verknüpft unscheinbare Zusammenhänge miteinander. Andererseits fasziniert mich die Tatsache, dass die Vergangenheit an sich nur Einfluss auf uns hat, wenn wir das zulassen. Zwischen dem einfachen Loslassen und dem Verharren im klebrigen Netz ist ein ziemlich schmaler Grat. Das Schöne ist, dass wir diesen vergrößern können. Der Weg auf dem wir wandern ist formbar. Unsere Lebenseinstellung und unsere Gedanken sind das Baumaterial und was wir daraus machen, steht uns größtenteils frei. Das beudetet, wir haben die Wahl, ob wir auf einem hauchdünnen Seil balancieren oder auf einem breiten, sicheren Weg spazieren. Ich gebe mein Bestes, um dieses Buch so kompakt wie möglich zu halten. Dir werden direkte, lösungsorientierte Fragen gestellt und ich erzähle dir von Erfahrungen aus meiner persönlichen Vergangenheit. Vorab möchte ich intensiv darauf eingehen, warum es notwendig ist loszulassen.
Du musst wissen was dir durch mangelnde Distanzierung verwehrt wird. Dir muss klar werden,

für welche Situationen du in der Gegenwart selbst verantwortlich bist. Es ist wichtig, dass du die toxischen Auswirkungen deiner unverarbeitenden Vergangenheit begreifst. Nur im Ansatz zu bedenken, dass man eigentlich die Chance auf höhere Lebensqualität hätte, reicht nicht aus. Zahlreiche Gespräche bestätigen mir das. Viele Menschen erkennen die Lösung während dem Gespräch, handeln aber den Tag darauf wieder kontraproduktiv. Dem ist die falsche Fokussierung geschuldet. Wenn die, mit der Vergangenheit verbundenen, Gefühle überhandnehmen, sind die meisten überfordert und entscheiden sich reflexartig gegen die Lösung. Das machen sie natürlich nicht gerne. Sie sind überwältigt und aktives Handeln kommt nur schwer in Frage. Es gibt aber auch diejenigen, deren Wille sich durchsetzt. Es braucht oft nur den einen richtigen Satz, den einen Tipp, die eine treffende Frage, um einen positiven Gedankensturm zu erzeugen.

In diesem Buch fasse ich 5 Tipps zusammen, die erfahrungsgemäß das Potential dazu haben. Ich weiß, dass Menschen denen es schwer fällt die Vergangenheit loszulassen, unbedingt wissen müssen, warum es so wichtig ist, es doch zu tun. Im Normalfall ist ein einziges Gespräch nicht ausreichend. Der Stein wird durch ständige Wiederholung ins Rollen gebracht. Grundsätzlich sind es, wie du bereits gelesen hast, zwei kraftvolle Wörter, die maßgeblich sind. Trotzdem muss es bekanntlich „klick“ machen, damit endlich etwas passiert und genau das ist das Ziel meiner Bücher. Ich möchte zu dir persönlich durchdringen und dir ein für alle Mal die Auswirkung der klebrigen Fäden näherbringen. Ich wünsche dir viel Spaß und Freude beim Lesen.

Warum es notwendig ist loszulassen

Jeder von uns erlebt Dinge die schwer zu verdauen sind. Ich habe noch keinen kennen gelernt, der eine reibungslose Kindheit hatte. Früher oder später werden wir alle mit Schmerz, Trauer, Verlust, Enttäuschung und so weiter konfrontiert. Der eine mehr, der andere weniger aber verschont wird niemand. Du kannst darüber nachdenken, weshalb du mehr Schmerz erfahren musstest als ein anderer, ob es fair ist oder nicht. Ich lege dir aber nahe, dass du dieser Frage erst nachgehst, sobald du deine Vergangenheit verstanden und losgelassen hast. Aus eigener Erfahrung weiß ich, dass die Beschäftigung mit der Fair- oder Unfair-Frage einen nicht loslassen lässt. Außerdem ist es nicht relevant. Wenn dein Ziel wirklich darin besteht, die Vergangenheit endlich loszulassen, steht dir diese Frage erstmal im Weg. Konzentriere dich lieber auf den jetzigen Augenblick oder male dir zumindest eine entspannte Zukunft aus. Erschaffe geistig jene Bilder, die deiner Wunschvorstellung eines glücklichen Lebens gleichen. Alles andere hindert dich am Loslassen. Du entscheidest und das ist perse eine gute Nachricht. Wenn du dich durch kontraindizierte Fragen gegen das Loslasssen entscheidest, erschaffst du dir selbst ein tristes Lebensgefühl. Folgend könnte es sein, dass du dich schlapp fühlst und dir der nötige Enthusiasmus fehlt, um in Bewegung zu kommen. Du könntest anfangen zu glauben, dass du nicht wertvoll genug bist und dir ein fröhliches Leben nicht zusteht. Dich könnten Schuldgefühle kontrollieren, weil du jemandem weh getan hast der es eigentlich nicht verdient und du dieses Kapitel noch immer nicht schließt. So ein Lebensgefühl hilft dir nicht weiter. Es erzeugt genau das, was du nicht willst. Größtenteils wird sich dein Leben immer deinem Lebensgefühl anpassen. Dein Alltag wird von deinen Gedanken geprägt. Die Welt zeigt sich dir stets deiner Überzeugung entsprechend. Du siehst die Welt nicht wie sie wirklich ist, sondern viel eher so, wie du selbst bist. Da du dieses Buch liest, nehme ich an, dass du dich schon ein bisschen mehr mit der Thematik beschäftigt hast. Ich bin sicher du kennst die Aussage: „Wie innen, so außen“, richtig? Wenn ja, frag dich bitte selbst wieviele Bücher es noch braucht, damit du diesen und alle ähnlichen Sprüche, die letztendlich dasselbe meinen, annimmst und umsetzt. Natürlich freue ich mich, wenn meine Bücher gelesen werden. Rezensionen in jeglicher Form stimmen mich klarerweise froh aber worauf wartest du eigentlich? Du kannst dir weiterhin sämtliche Vorträge und Interviews anschauen. Es steht dir frei und du kannst zwischendurch auch immer wieder zustimmend nicken aber was bringt es? Wieviele Zitate brauchst du noch, um ein einziges davon zu verinnerlichen? Je länger du dich von Vortrag zu Vortrag schwingst desto mehr Zeit verstreicht in der du eigentlich dein eigenes, sebstbestimmtes Leben erfahren könntest.

VON BUCH ZU BUCH ZU SCHWINGEN, WIRD DIR WENIG BRINGEN,
SOLANGE DU NICHTS MACHST, ALS ALL DIE SPRÜCHE ZU VERSCHLINGEN.
MACHST DU DEN ERSTEN SCHRITT, WIRD DER ZWEITE AUCH GELINGEN.
BLEIBST DU STEHEN, WIRD ES DUNKEL, WIE DER WINTER BEI DEN FINNEN.

Wenn wir uns nicht von unserer vergangenen Geschichte lösen, sind wir gegenwärtig nicht frei, was unsere Handlungsfähigkeit betrifft. Zitate, Vorträge, Interviews können natürlich sehr viel bewegen. Wenn es aber beim Konsum bleibt und du herumschwingst anstatt zu handeln, solltest du etwas ändern. Sei kein Zitaten-Tarzan! Du hast genug Sprüche konsumiert, um endlich loszulassen. Vor lauter klugen Guru-Weisheiten siehst du den Zitaten-Wald nicht mehr also verlasse ihn. Eine kurze Auszeit kann dir helfen dich wieder zu festigen. Ohne Pausen fühlen wir uns machtlos und oft einfach nicht in der Lage selbst etwas zu ändern. Die ständige Orientierung im Außen schwächt uns allmählich. Wir verlieren uns dann in der Theorie und fürchten uns vor der Praxis. Veraltete Verhaltensmuster und Glaubenssätze übernehmen dann das Steuer. Die eigene Weiterentwicklung wird somit stark gebremst. Die Möglichkeit neue, horizonterweiternde Erfahrungen zu machen, scheint sich selten anzubieten und dadurch geben wir uns generell mit weniger zufrieden, als uns eigentlich zusteht. Deutlicher wird das Ganze, wenn wir in die Falle der Opferrolle tappen. Damit schrumpft unser Selbstwertgefühl und dementsprechend behandeln wir uns dann. Wir wandern unterwürfig durch die Welt, peilen nur kleine Ziele an, jonglieren mit kleinkarierten Gedanken und verfehlen den Pfad der Selbstverwirklichung. Das niedrige Selbstwertgefühl macht einem ein durchschnittliches, „sicheres" Leben schmackhaft. Eines, das einem die Entfaltung nicht erlaubt und zeitgleich die eigenen Ängste immer wieder zu bestätigen versucht. Auch das Selbstbewusstsein sinkt schrittweise und damit wir uns den fehlenden Mut zur Veränderung nicht eingestehen müssen, täuschen wir Bescheidenheit vor. Wir neigen zur Selbstbestrafung und schmücken uns solange mit der Bescheidenheits-Feder, bis wir den Glaubenssatz in jede Handlung integrieren haben. Irrtümlicherweise denken wir gute Menschen zu sein, wenn wir uns hinten einreihen und ständig nachgeben. Das hat zur Folge, dass wir jedem mit Rat und Tat zur Seite stehen. Wen vergessen wir aber dabei? Du kennst die Antwort. Wenn du nicht loslässt und keine Eigenverantwortung übernimmst, hältst du dich höchstwahrscheinlich für das Opfer deiner Umstände. Statt aktiv zu handeln, suchst du dann Schuldige. Das kann jeder sein. Der böse Elternteil, der dir die Kindheit erschwert hat, der verlogene Ex-Partner, ein gemeiner Vorgesetzter und so weiter. Du musst nicht jedem die Hand reichen. Du hast mit Sicherheit das Recht dazu, bestimmte Menschen zu meiden. Abgrenzung ist wichtig, wenn du dir deine Energie behalten möchtest. Keine Frage aber letztlich liegt es grundsätzlich an uns selbst. Wenn wir ehrlich sind wissen wir, dass das endgültige Loslassen eine Handlung ist, die nur wir selbst vollbringen können. Wir sind nicht die armen Opfer unserer Gefühle, sondern können jeden Tag entscheiden, ob wir aktiv für schönere sorgen. Je länger wir in der Selbstmitleids-Grube verbracht haben desto schwieriger kommt uns diese Entscheidung vor. Die fehlende Entschlossenheit macht etwas mit uns. Auch wenn wir aufgrund der Unruhe nicht in der Lage sind entsprechende Signale richtig zu deuten. Beispielsweise sind Esstörungen weiter verbreitet als wir offensichtlich zu sehen bekommen. Wenn wir uns an die Opferrolle gewöhnt haben kann es anfangs sogar soweit gehen, dass wir diese Haltung mit allen Mitteln verteidigen. Wir wollen uns etwas bewahren, das wir eigentlich so früh wie möglich loswerden müssten, um glücklich zu werden. Ich habe oft mitbekommen, dass genau über jene abwertend gesprochen wird, die es geschafft haben oder zumindest auf gutem Wege sind, die klebrigen Fäden kontinuierlich zu entfernen. Es gehört schon viel dazu, diese Fäden nur mal zu erkennen. Am Beginn will man es nicht wahrhaben und versucht möglicherweise absichtlich wegzuschauen. Das gelingt aber nicht wirklich. Wir müssen eine wichtige Aufgabe nicht ununterbrochen anschauen, wenn wir sie bereits erkannt haben und in Wahrheit wissen, was zu tun ist. Das Wissen über die Existenz solcher unerledigten Aufgaben reicht aus, um uns körperlich und geistig krank zu machen. Davor wegzulaufen funktioniert nie. Wo auch immer du hinflüchtest, du nimmst dich mit. Ungelöste Blockaden können außerdem Panikattacken, depressive Phasen und Stimmungsschwankungen herbeiführen. Menschen die nicht loslassen leiden oft unter mentalen Beschwerden, die sie nicht wirklich in den Griff bekommen. Hier besteht ernsthafte Gefahr, wenn nicht mehr gemacht wird, als Symptome zu bekämpfen. Depressionen gaukeln einem oft eine böse Welt vor. Das Gute wird verschleiert, ausgeblendet und irgendwann behauptet man völlig verzweifelt, Menschen zu hassen.

Du könntest denken, Menschen sind grundsätzlich schlecht und wirst dadurch von Pessimismus durchdrungen. Das Weltbild nimmt verschwörerische Formen an und die Fähigkeit zur gesunden

Differenzierung sinkt. Zeitgleich verschwimmt das Selbstbild. Oft habe ich mitbekommen, dass sich jene gegen Hilfe wehren, die schon zu lange in den Abgrund geschaut und sich so sehr an die Vergangenheit und die erschaffene Dunkelheit gekrallt haben. Misstrauen und Angst können sich breit machen und zusammen flüstern sie uns dann zu, dass sich hinter jedem Therapeuten ein Feind versteckt. Professionelle Hilfe wird in Phasen, in denen sie notwendig und sinnvoll wäre, verachtet und das schwerwiegende Problem nicht als solches erkannt. Ist letzteres doch der Fall, erzählt man sich selbst, dass es keinen gäbe, der einen wirklich versteht und so weiter. Dass der Therapeut einen, aufgrund seiner langjährigen Erfahrung, wahrscheinlich viel besser versteht als man selbst, wird übersehen und vehement angezweifelt. Wenn du nicht willig bist etwas zu verändern und Hilfe in Anspruch zu nehmen, belastest du zwangsläufig deine Mitmenschen. Auch wenn du das lange nicht bemerkst und dir manche aus Mitgefühl nicht erzählen wie sehr es sie belastet, nutzt du Begegnungen mit deinen liebsten als Therapiestunde. Die echten Kosten trägt jedoch jeder Beteiligte. Erstens haben dein Kind, dein bester Freund, dein Arbeitskollege et cetera das Recht dir auch als solche zu begegnen und zweitens gibt dir der ein oder andere nicht viel mehr, als das Gefühl von Verständnis und Geborgenheit. Ja, das fühlt sich wunderschön an und ja, Menschen die dich wirklich verstehen sind unendlich wertvoll aber hier besteht wieder die Gefahr zu glauben, dass dieses andauernde Schulterklopfen mit Umarmung ausreicht. In den meisten Fällen entspricht das aber maximal Symptombekämpfung. Der innere Knoten löst sich dabei jedoch nicht und das Zahnrad der Eigeninitiative kommt so nicht in die Gänge. Je rostiger das Zahnrad desto mehr Öl braucht es, um wieder reibungslos funktionieren zu können. Aufgrund der Verfangenheit des Dramas droht das Ausschütten von Glücksgefühlen verringert zu werden und deswegen können extreme Hobbys vielversprechend und anziehend wirken. Mir ist ein Zusammenhang zwischen der Unfähigkeit, die eigene Vergangenheit loszulassen und der absichtlichen Begebung in lebensbedrohliche Situationen aufgefallen. Fallschirmspringen, Drogenmissbrauch, brutaler Kampfsport, ungesichertes Autofahren. Es wird von einem Gefühl der inneren Leere berichtet. Diese versuchen viele zu füllen. Dafür bieten sich jede Menge Möglichkeiten an. Dass sie nichts Substantielles bringen und in Wirklichkeit gegen einen arbeiten, scheint sich irgendwie zu verstehen zu geben. Aber auf der Jagd nach dem sogenannten Kick ist die Bereitschaft für extremes Verhalten groß. Die Hemmschwelle in Bezug auf Erfahrungen die das Selbstwertgefühl regelrecht drücken, sinkt drastisch.

Das kann sich im gestörten Sexualverhalten ausdrücken. Grundsätzlich kann jeder tun und lassen was er möchte. Ich bin der Meinung, dass so gut wie alles ausprobiert werden darf, solange jeder Beteiligte damit einverstanden ist. Auch weiß ich, dass der bewusst ausgelebte, passende Sex mit dem richtigen Partner teilweise mehr Heilung als so mancher Arzt bewirken kann. Mit gestörtem Sexualverhalten meine ich jenes, welches überhandnimmt und komplett aus dem Ruder läuft. Zum Beispiel Promiskuität, die hochriskant ausgelebt wird. Wenn dich das Reptilienhirn dominiert und niedere Triebe in den Vordergrund rücken kann es schwierig für dich werden bedeutende Grenzen wahrzunehmen. Ungeschützter Geschlechtsverkehr mit Menschen die man kaum kennt kann zum Normalfall werden. Die Spätfolgen von diversen Praktiken verstecken sich hinter dem bereits erwähnten Kick und werden daher nicht immer nur gewollt ignoriert, sondern tatsächlich nicht erkannt. Im Nachhinein ist man meistens klüger und kann sich das Warum nur mit der Aussage „Damals habe ich mir einfach nichts dabei gedacht" beantworten. Ähnliches hat eine junge Frau namens Patrizia erlebt, mit der ich zwei Jahre lang in Kontakt war. Details zu ihrer Geschichte erzähle ich dir in einem späteren Kapitel. Fassen wir kurz zusammen was passieren kann, wenn man nicht das loslässt, was für ein freies, unabhängiges Leben voller Glück und

Freude losgelassen werden müsste. Natürlich trifft nicht bei jedem Betroffenen jeder Punkt zu aber manchmal führt der eine, zu einem späteren Zeitpunkt, zum anderen und schleichend ergibt sich dann ein beklemmendes Lebensgefühl. Wie beim bekannten Schmetterlingseffekt kann eine Kettenreaktion erzeugt werden. Manchmal kann eine einzige Aussage verschiedenste Gefühle hervorbringen und dadurch den ersten Dominostein zu Fall bringen. Unscheinbare Erfahrungen die wir währenddessen als unbedeutsam erleben, können unbemerkt in uns wachsen und lange nachwirken. So gesehen meine ich, dass es relativ unwichtig ist, was wir loszulassen haben. Egal, ob es eine kleine Geschichte oder ein riesiges Thema ist. Beides kann unsere Lebensweise unauffällig und massiv beeinflussen. Kleinste Veränderungen im Außen können große Auswirkungen im Inneren haben und umgekehrt. Das Loslassen von einem geliebten Ex-Partner kann für den einen genauso schwierig sein, wie für den anderen das Loslassen der unerwarteten Kündigung seiner Arbeitsstelle.

Erwachsene Menschen erzählen immer wieder, dass sie noch oft an eine bestimmte Aussage der Mutter oder des Vaters in der Kindheit denken. Sie fühlen sich viele Jahre später noch immer gekränkt, während sich das Elternteil nicht einmal mehr an die Aussage erinnern kann. Für den einen ist die Scheidung der

Eltern nicht schön, letztendlich aber verkraftbar. Der andere hingegen wird zum depressiven Alkoholiker und erzählt seine Leidensgeschichte jedem, den er im Laufe seines Lebens kennen lernt. Vielleicht trifft auf dich also nur ein Punkt zu. Möglicherweise sind es drei, vier oder fünf. Im Endeffekt solltest du dir klar machen, dass deine Lebensqualität enorm ansteigt, sobald du loslässt was dich runterzieht. Natürlich gehören Auf und Abs zum Leben dazu. In diesem Buch geht es selbstverständlich nur um jene Blockaden, die aufgelöst werden müssen, damit sich dein Leben endlich von seiner schönsten Seite zeigen kann.

Das fehlende Loslassen kann:

- tiefe Schuldgefühle erzeugen
- ein paranoides Weltbild erschaffen
- dich traurig, klein und unterwürfig halten
- dein Selbstbild total verzerren
- zu schweren Depressionen führen
- dem Reptilienhirn die Führung überlassen
- dich mit Drogen in Berührung bringen
- Trägheit und Pessimismus herbeiführen
- deine liebsten Mitmenschen schwer belasten
- deine individuelle Entfaltung zurückhalten
- dir deine Selbstbestimmung verwehren

1. Schritt: Ich bin nicht meine Vergangenheit

Der anstrengende Teil ist vorbei. Nun widmen wir uns einer Tatsache, die alles verändern kann, wenn sie angenommen wird. Fünf Worte, die du dir selbst nicht oft genug sagen kannst. Sie entsprechen der Wahrheit und diese gilt es unbedingt zu akzeptieren. Die Wahrheit ist: Du bist nicht deine Vergangenheit. Ein Satz, der alles verändern kann. Erfahrungsgemäß weiß ich folgendes: Um diese Wahrheit zu akzeptieren, muss man sie erst einmal verstehen. Das kann nicht jeder und das ist auch legitim. Wir durchlaufen verschiedene Lebensphasen und unsere Bewusstheit kann ab und an schwanken. Vielleicht kennst du das Gefühl, einen geistigen Sprung gemacht zu haben, der es dir ermöglicht Zusammenhänge besser zu deuten. In so einer Phase sind jene fünf Wörter relativ leicht zu verstehen. Schwierig ist es jedoch, wenn du momentan in einer Phase bist, die dir den Zugang zu dem, was gegenwärtig ist, erschwert. Wenn ich einem Multi-Millionär sage, dass er alles schaffen kann und Erfolg keine Glückssache, sondern grundsätzlich eine Kopfsache ist, stimmt er locker zu. Klar, er lebt diese Wahrheit und weiß genau wie wichtig das Zusammenspiel der mentalen Ebene und dem aktiven Handeln ist. Treffe ich aber auf jemanden, der gerade eine Phase des Widerstands durchlebt und dementsprechend blockiert ist, hilft diese Wahrheit eher weniger. Er wird vielleicht rebellieren, mit nicht überprüften Standard-Aussagen um sich schmeißen und mit dem Vorwurf der Überheblichkeit attackieren. Das kann passieren und ist zwar nicht schön aber eigentlich nicht weiter wichtig. Die Wahrheit existiert unabhängig von Meinungen. Wir können sie erkennen, akzeptieren, verstehen und sogar sinnvoll nutzen. Wir können aber auch trotzig rebellieren, unsere Augen von ihr abwenden und uns selbst belügen. Ja, es ist nicht immer leicht aber wie lautet deine Antwort, wenn ich dich frage, warum es eigentlich nicht leicht ist? Offenbar fällt es dir schwer zu verstehen, dass du nicht deine Vergangenheit bist.

Bis dato bist du demnach nicht in der Lage die Wahrheit zu verstehen. Ob sie dir gefällt oder nicht sei dahingestellt. Darum geht es hier nicht. Dass du nicht deine Vergangenheit bist, ist die Wahrheit. Warum schaffst du es nicht, sie anzunehmen? Ich weiß, irgendwie eine freche Frage, richtig? Sie fordert oder provoziert manche Menschen sogar, wenn ich sie stelle. Mag sein und ist völlig ok aber viel interessanter ist doch deine Antwort. Denk darüber nach und führe einen geistigen Dialog mit dir selbst, wenn du dir den folgenden Satz wiederholt ins Gedächtnis rufst: „Ich bin nicht meine Vergangenheit“. Was du bisher gemacht und ausgelassen hast, ist zwar interessant, weil es sich dabei um deine individuelle Geschichte handelt aber was auch immer du zu berichten hast bist nicht du. Ob traurig oder siegreich, leidvoll oder frei, nichts davon kann dir den Wert deines ursprünglichen Seins nehmen oder erhöhen. Du wirst niemals das sein, was du tust oder nicht tust und du warst nie das, was du getan oder nicht getan hast. Verstehe diese Wahrheit richtig. Es geht hier nicht um Eigenverantwortung. Wir sollten stets für unser eigenes, bewusstes Tun und Unterlassen einstehen. Das sollte jedem klar sein und steht hier nicht zur Debatte. Hierbei geht es einzig und allein um die Tatsache, dass du mehr bist als deine bisherige Lebensgeschichte. Dabei ist es nicht relevant, ob du Gutes oder Schlechtes zu erzählen hast. Beides warst und bist du nicht. Wenn du dich mit deiner Geschichte stark identifizierst hörst du auf, deiner Entfaltung freien Lauf zu lassen. Da sich dein Leben immer deinem Lebensgefühl anpassen wird, erscheint dir dein Leben normal. Du wirst es vielleicht hinnehmen und kaum hinterfragen. Es wird dir vollkommen logisch präsentiert und das ist es auch, da es sich eben deinem Lebensgefühl anpasst. Veränderst du jedoch dein Lebensgefühl, geben sich nach und nach neue Türen zu erkennen. Neu sind sie nicht wirklich, weil sie die ganze Zeit quasi vor deiner Nase eixistierten. Du hast sie nur nicht gesehen, weil du dich mit all dem, was du erlebt hast und unbewusst erlebst, identifizierst. Hinter diesen Türen finden sich neue, spannende Routen, die es zu entdecken gibt. Wahrnehmen kannst du sie erst, wenn du dein Lebensgefühl entsprechend anpasst. Das schaffst du, wenn du die bereits erwähnte Wahrheit verstehst und lebst. Du bist nicht deine Vergangenheit, wisse das! Ich brauche dich nicht persönlich zu kennen, um zu wissen, dass du nicht das bist, was du beruflich gemacht hast. Du bist nicht der, der du in deiner letzten Beziehung warst. Hast du deinen ehemaligen Partner missachtet oder betrogen und belogen? Hast du deinen letzten Partner geschätzt, verwöhnt und auf Händen getragen? Letzteres klingt zwar schön und ist zu bevorzugen, dennoch ist es irrelevant. Du bist weder die eine Handlung noch die andere. Ich kann dir noch nicht beantworten wer, was, wo und warum wir sind, falls wir überhaupt sind, aber ich glaube zu wissen, dass wir niemals nur unsere Geschichte sein können. Ganz gleich, ob du etwas loslassen musst, das dich traurig macht oder etwas, das dich generell zu viel nachdenken lässt. Dich darauf zu reduzieren kann dich niemals frei machen. Wenn wir uns mit dem Erlebten gleichsetzen, verlieren wir ein großes Stück Freiheit. Wir können das, was wirklich ist, nur wahrnehmen, wenn wir uns mit dem, was wir erleben nicht identifizieren. Diese Verwechslung kann leicht passieren, weil sich so viele auf diesen Irrglauben festgelegt haben. Jeder hat seine eigene Geschichte zu erzählen. Ich habe auch schon sehr viele spannende gehört. Es macht Spaß sich auszutauschen, Erfahrungen zu berichten und Erzählungen anzuhören. Wir sollten nur vorichtig sein, wenn es um die Eigenwahrnehmung geht. Vorallem dann, wenn diese durch Gefühle, welche wiederum durch gewisse Erfahrungen hervorgerufen werden, beeinflusst wird. Im ersten Kapitel hast du bereits erfahren welche Auswirkungen das fehlende Loslassen auf dich und deine Gesundheit haben kann. Dabei habe ich noch gar nicht erwähnt, dass das fehlende Loslassen der Vergangenheit dazu führen kann, dass man sich unbewusst immer wieder genau das ins Leben ruft, was man eigentlich nicht möchte. Wenn du deine Kindheit, in der du beispielsweise geschlagen wurdest nicht verarbeitest und loslässt, ist es höchstwahrscheinlich kein Zufall, wenn ähnliches in deinen Liebes-Beziehungen stattfindet. Die Tante eines Freundes sagte oft folgendes: „Ich erwische immer die falschen Männer“. Schon als Kind habe ich bereits gespürt, dass sie selbst einen Teil dazu beiträgt. Ich hatte keine deutlichen Worte dafür und dachte nicht in Sätzen aber mein Gefühl sagte mir, dass sie nicht schuldig aber irgendwie doch auch verantwortlich sei. Ihre Geschichten erzählte sie damals im Hof unserer Wohnsiedlung. Während wir als Kinder spielten, unterhielten sich die Erwachsenen auf den Parkbänken. Mit den Jahren und eigenen Lebenserfahrungen transformierte sich mein Gefühl allmählich zu verständlichen Worten und ich begann zu verstehen. Claudia, so hieß die Tante meines Freundes, war in ihrem ganzen Verhalten aggressiv und wütend. Sie sprach stets schlecht über Männer und erwähnte andauerend, dass Liebe nicht existiert. Aufgrund ihrer unschönen Kindheit war ihr Menschenbild an sich schlecht. Tatsächlich war sie immer wieder mit Männern in Beziehungen, die sie früher oder später geschlagen haben. Ausnahmslos alle waren schwere Alkoholiker. Diese lernte sie immer in der gleichen Bar kennen. Für den „Aufriss", wie sie es nannte, zog sie sich immer einen Minirock aus Leder an. Darunter trug sie schwarze Netzstrümpfe. Passend zu den glänzenden Lackstiefeln, schminkte sie sich dunkel und verrucht. Sie trug langen, goldenen Ohrenschmuck und hatte kurzes und schütteres Haar. Ihr kompletter Auftritt war Selbstdarstellung auf höchster, ungesündester Stufe. Heute ist mir bewusst, dass dies die Angst vor Liebe und Frieden überdecken sollte. Zur damaligen Zeit hat mich das aber nicht nur verwundert, sondern auch erschrocken. Sie hatte eine tiefe Stimme, wirkte sehr maskulin und immer, wenn sie mit der Bierdose in der Hand zum Spielplatz marschierte, überkam mich ein kalter Schauer. Das ging nicht nur mir so. Insgesamt hatte Claudia also eine düstere, eiskalte und verbitterte Ausstrahlung. Als ich 13 Jahre jung war zogen meine Familie und ich um. Das hatte zur Folge, dass ich Claudia nicht mehr begegnete. Ein paar Jahre verstrichen, ich wuchs zum jungen Mann heran und wohnte bereits länger alleine. Eines Tages machte ich mich auf den Weg ins Fitness-Studio. Dort angekommen begab ich mich zum Aufwärmen auf das Laufband. Nichtsahnend joggte ich meine Strecke bei passender Geschwindigkeit. Dabei richtete ich meinen Blick auf den Fernseher der vor mir hing. Ein spannender Boxkampf war zu sehen und als die entscheidende Runde dem Ende zuging hörte ich die Stimme einer Dame, die auf dem Laufband neben mir joggte. Ich hatte jedoch Kopfhörer auf, nahm die Stimme dadurch nur peripher wahr und verstand die Aussage nicht einmal annähernd. Ich ließ mich nicht abhalten, versunk im spannenden Boxduell und ging davon aus, dass nicht ich gemeint bin. Nach kurzer Stille, hörte ich die gleiche Stimme erneut. Ich verstand wieder nichts aber die Tonabfolge war ungefähr dieselbe. In den Fernseher starrend fieberte ich mit, joggte dahin und genau im Moment des Knockouts klopfte mir die Dame auf die Schulter. Sie wiederholte ihre unverständlichen Worte. Ich brachte das Laufband zum Stillstand, nahm die Kopfhörer ab, blickte zu ihr und meinte: „Kann ich dir helfen? Was brauchst du denn“? Sie lächelte nur und fragte, ob ich mich nicht mehr an sie erinnern kann. Ich erwähnte, dass sie mir bekannt vorkommt aber wirklich zuordnen konnte ich sie nicht sofort. Sie bestand darauf, dass ich nachdenke. Das machte ich auch und nach sieben stillen Sekunden schoß es mir ein. Meine Augen öffneten sich weit, ich neigte den Kopf etwas nach vorne und fragte: „Claudia“? Ihr Grinser wurde zum lauten, fröhlichen Lacher und ich legte nach: „Wow, wie jetzt? Was ist passiert? Erzähl“! Claudia stand munter, mit vollem Haar, in hellem Sportgewand vor mir und machte einen sehr gesunden Eindruck. Ihre Ausstrahlung war freudig und positiv. Wir wechselten ein paar Sätze und beschlossen nach dem Training ein Stück gemeinsam zu spazieren, damit wir in Ruhe reden können. Was ich dann hörte, inspiriert mich noch heute. Claudia sprach von ihrer tollen Beziehung mit ihrem liebevollen Mann, den sie bei einer Sportmesse kennengelernt hat. Das ist insofern lustig, weil sie früher stets geprädigt hat, dass sie nicht für Sport gemacht sei. Sie sah nun fit aus, zeigte mir herzige Handyfotos von ihr und ihrem Mann und erzählte von ihrem letzten Zumba-Kurs, den sie besucht hat. Claudias Entwicklung hat mich fasziniert und ich fragte sie immer wieder, wie sie das alles geschafft hat. Von der biertrinkenden Liebesgegnerin mit gewöhnlicher Anti-Haltung zur gesundheitsbewussten Nichtraucherin mit Glanz in den Augen. Heute weiß ich, dass so ein riesiger Sprung für jeden möglich ist, der den Willen dazu hat. Damals war Claudia eine der ersten, die mir vor Augen führten, dass die positive Transformation eines schädlichen Lebensstils definitiv zur Auswahl steht. Sie schien wie ausgewechselt und sie wirkte dabei authentisch. Bei vielen Menschen merke ich, dass sie sich verändern wollen und sich deswegen auf die Suche nach neuen Beschäftigungen machen. Sobald sie etwas gefunden haben, fallen sie wieder in das alte Verhaltensmuster und bemerken leider nicht, dass sie sich erneut mit einer Sache identifizieren. Claudia hingegen kam gefestigt und klar rüber. Auf meine Frage, wie sie das alles geschafft hat, meinte sie: „Also der Weg bis hierher war sicher kein Zuckerschlecken und es hat auch mehrere Anläufe gebraucht, um dahin zu kommen wo ich heute bin aber ich habe nach und nach verstanden, dass ich nicht das bin, was ich in meiner Vergangenheit alles erlebt habe“. Inspiration flitzte durch meinen Geist. Ich dachte mir: „Ja, ich glaube zu verstehen, was ich da höre“, blieb aufmerksam und sie fügte hinzu: „Wurscht, ob du gutes oder schlechtes erfahren, er- und gelebt hast. Beides gehört zwar zu deiner Geschichte aber du bist nicht deine Geschichte, Michael. Merk dir das“. In der Tat habe ich mir das gemerkt. Ich kann gezielt Muskeln aufbauen aber weiß, dass ich kein Bodybuilder bin. Ich kann meditieren aber weiß, dass ich kein Guru bin. Ich kann die schönsten Lieder schreiben ohne zu glauben, dass ich ein Musiker bin und selbst nach 98641 verkauften Büchern ist mir klar, dass ich im Wesentlichen kein Author sein kann. Im

Wesentlichen bin ich eben das, was ich bin, nicht mehr aber auch nicht weniger. Was ich genau bin, weiß ich noch nicht. Was ich aber zu wissen glaube ist, dass ich niemals nur das sein kann, was ich hier, während meines Menschendaseins, erfahre. Weißt du wie ich das meine? Dasselbe gilt natürlich für dich. Wenn du wirklich verstehst, dass du nicht deine Vergangenheit sein kannst, macht es für dich auch keinen Sinn mehr an ihr festzuhalten. Es kommt dir unsinnig und total lächerlich vor, wenn du das wahrlich begriffen hast. Der klägliche Versuch dich trotzdem noch die letzten paar Male daran festzukrallen, gibt dir dann nichts mehr. Du wirst ziemlich früh keinen Halt mehr erfahren, dann bemerken, dass du sogar ohne gut beziehungsweise besser klarkommst und letztlich erkennen, dass es diesen Halt zu keinem Zeitpunkt in deinem Leben gab. Er war eine, von dir aus Angst heraus erschaffene, Illusion. Loszulassen bedeutet zu fliegen und dennoch den Boden unter den Füßen zu spüren. Ab hier kannst du endlich bewusst wandern und die Gegenwart am ehesten so wahrnehmen, wie sie tatsächlich ist. Klammerst du dich weiterhin an deine Vergangenheit, könnte dein eigentlicher Traumpartner direkt vor dir stehen und du würdest ihn nicht sehen. Das lässt dich vielleicht glauben, dass es niemanden gibt, der wirklich zu dir passt, du niemanden verdienst der dich bedingungslos liebt und so weiter. Identifizierst du dich stets mit deiner

Geschichte, erlebst du nichts weiter, als deine Geschichte. Das ist nicht nur traurig, sondern langweilig. Dass du nicht deine Vergangenheit bist, erzähle ich dir nicht, weil ich dich motivieren will. Diese fünf Wörter sind nichts als die Wahrheit. Wenn dich die Wahrheit motiviert ist das wunderschön und macht mich glücklich. Grundsätzlich gibt es diese Wahrheit nunmal, ob du willst oder nicht. Das bedeutet, du kannst dich jetzt sofort entscheiden sie anzunehmen. Versuche es gerne, wenn du alleine zu Hause bist und trau dich den Satz ruhig mal auszusprechen: „Ich bin nicht meine Vergangenheit". Er entspricht einer Tatsache, die du nicht ändern kannst. Egal wie sehr du es versuchst. Du kannst dich zwar selbst zu dramatischen Gefühlen zwingen, die dir vorgaukeln, dass du deine Vergangenheit bist und du deswegen nicht im Stande loszulassen aber das tangiert die beständige Wahrheit nicht im Geringsten. Du kannst auch noch weitere zehn Jahre warten (falls du nicht schon davor unglücklicherweise stirbst) und dir diese Wahrheit erst dann friedlich zunutze machen. Du musst nicht aber du kannst, wenn du willst. Es steht dir zu jeder Zeit frei. Dein menschliches Dasein ist zeitlich begrenzt und daher solltest du es schätzen anstatt es zu boykottieren. Dein Leben hat mehr Respekt von dir verdient. Achte es und hör auf zu warten. Was auch immer du dir erhoffst, es wird nicht eintreten. Um zu wandern, musst du den Boden unter deinen Füßen spüren und dafür musst du erstmal akzeptieren, dass du nicht deine Vergangenheit bist. Ist dir das gerade zu direkt? Fühlst du dich beleidigt? Wenn ja, kann ich das gut verstehen. Die Wahrheit tut nur weh, wenn wir gegen sie ankämpfen. Hör auf zu kämpfen. Dein Leben ist kein Kampf. Es kommt dir nur so vor, weil du nie überlegt hast den Boxring zu verlassen. Du dachtest dieser Boxring ist die komplette Welt aber dem ist natürlich nicht so. Wenn du immer noch glaubst, dass du deine Vergangenheit bist, dann hast du noch nicht mal die Halle erkannt, in welcher der Boxring steht. Stell dir nur mal vor was es außerhalb dieser Halle zu entdecken gibt. Außerdem ist der sogenannte Boxring eckig, was ja grundstzlich schon verdächtig ist. Schärfe deine Wahrnehmung. Allein deiner naturgegebenen Neugier zuliebe solltest du dein Leben erforschen und erkunden. Ich hätte nichts dagegen, wenn du dieses Buch sofort weglegst und raus gehst in die schöne, weite Welt. Vergiss jedoch nicht, den folgenden Reim mitzunehmen.

"DAS VERGANGENE IST VERGANGEN, DU ALLEINE LÄSST DICH FANGEN.
WAHRHEIT HEILT UND TUT NUR WEH, WENN DU VERSUCHST,
SIE ZU VERBANNEN.
DU KANNST FLÜCHTEN DOCH AB JETZT WEIẞT DU DIE GANZE ZEIT. EGAL
WAS WAR, DU BIST NICHT DEINE VERGANGENHEIT"

FAZIT

- Du wirst niemals das sein, was du tust oder nicht tust & du warst nie das, was du getan oder nicht getan hast.

- Identifiziere dich nicht mit deinem Lebensstil, deinem Umfeld, deinem Job oder deinen Hobbys.

- Dein Leben passt sich deinem Lebensgefühl an. Darum sei stets achtsam & lass Gefühle aus der Vergangenheit nicht erneut aufkochen.

- Dich zeichnen weder deine schlechten noch deine guten Erinnerungen aus. Das bedeutet, dass du zu jederzeit das Recht darauf hast, dich zu verändern & dein Leben neu auszurichten.

- Erinnere dich stets an die befreiende Wahrheit. Sie besteht aus 5 entscheidenden Worten: Ich bin nicht meine Vergangenheit.

2. Schritt: Das Spiegelkind

Bevor ich dir das Spiegelkind näherbringe, möchte ich etwas loswerden. Mir ist natürlich klar, dass es eine Herausforderung sein kann, die Vergangenheit erfolgreich loszulassen. Jeder hat sein eigenes Tempo und macht all seine Erfahrungen demgemäß. Mir ist auch klar, dass dich meine Worte erst zum aktiven Handeln bringen können, wenn du bereit dafür bist. In den meisten Fällen muss der Schmerz, den das Festhalten der Vergangenheit verursacht, sogar stärker, als das Gejammer sein, damit der wachrüttelnde Aha-Moment eintritt und endlich etwas passiert. Vieles von dem, was ich früher in verschiedensten Vorträgen und so weiter aufgeschnappt habe, verstand ich erst zu einem späteren Zeitpunkt so, wie es eigentlich gemeint war. Dass die Vergangenheit losgelassen werden muss, damit sich das Leben endlich von der schönen Seite präsentieren kann, scheint man so halbwegs zu verstehen. Dennoch ist es eine jener Weisheiten, die wir theoretisch nachvollziehen aber praktisch nicht so ohne Weiteres umsetzen können. Verwunderlich ist das nicht, weil das Erlebte mit tiefen Gefühlen einhergehen kann. Wir sind Menschen und brauchen Übung, um zu reifen. Wenn du der Meinung bist, dass sich die Theorie kinderleicht anhört, die Praxis jedoch eine komplett andere Sache ist, weiß ich ganz genau wovon du sprichst. Ich konnte nicht von heute auf morgen mit der Vergangenheit abschließen. Auch bei mir war es ein vielfältiger Prozess. Wenn mir gesagt wurde, ich solle meine Vergangenheit einfach loslassen dachte ich mir: „Danke für den gut gemeinten Tipp aber ich lasse mich gar nicht von meiner Vergangenheit aufhalten. Bei mir ist soweit alles ok, mir geht es super und ich habe kein Problem“. Das war eine Lüge, die ich damals nicht als solche erkannte. Hingegen fielen mir die Probleme der anderen sofort auf und somit erteilte ich meine Ratschläge überzeugend. Erst mit der Zeit begann ich zu verstehen, dass ich in Wahrheit Selbstgespräche führe und ich meine eigenen Ratschläge umsetzen muss, um ein selbstbestimmtes Leben voller Glück, Spaß und Freude zu erfahren. Ich begann meine eigene Illusion zu erkennen und als ich einen Blick in meinen Rucksack warf, wurde mir deutlich, dass ich meine Vergangenheit ununterbrochen mitgeschleppt habe. Im ersten Moment eine bittere Entdeckung, weil ich von meiner Gelassenheit überzeugt war. Ich glaubte mir selbst, wenn ich die Behauptung aufstellte, ausgeglichen zu sein. Ich verkündete stolz, dass mich meine Vergangenheit nicht beeinflusst, da ich sie längst verarbeitet habe. Schritt für Schritt erwies sich diese Ansicht jedoch als unwahr. Dieser Glaubenssatz ging mit meinen immer wiederkehrenden Problemen nicht konform und so kam es, dass ich ihn zwangsläufig zu hinterfragen begann. Wie erwähnt, war es auch bei mir ein jahrelanger Prozess. Rückblickend erkenne ich klipp und klar, dass ich verdrängen mit loslassen gleichsetzte. Ich musste mir die Wirkung meiner mitgeschleppten Vergangenheit eingestehen, um den zweiten Schritt machen zu können. Das Loslassen der Vergangenheit ist nicht von Anfang an leicht. Eher ist es eine fortlaufende Entwicklung. Ich bin mir dessen bewusst und habe kein Interesse daran, dich und deine aktuelle Handlungsfähigkeit zu bewerten. Mit meiner direkten Schreibweise möchte ich dir lediglich Mut machen und dir die Angst vor Menschen nehmen, welche dir die nötigen Ratschläge vielleicht etwas härter liefern als es dir momentan gefällt. Vergiss nicht: Die Wahrheit tut nur weh, wenn du gegen sie ankämpfst. Viele haben es geschafft sich von den klebrigen Fäden zu befreien und weil sie dieses ergreifende Glücksgefühl so dermaßen überwältigt, wollen sie es auch jedem der noch feststeckt zugänglich machen. Es kann also gut sein, dass du denjenigen, der dir dieses Freiheitsgefühl so schnell wie möglich zugänglich machen möchte, als zu harsch, frech oder aufdringlich wahrnimmst. Im Nachhinein erkenne ich wertvolle Ratschläge, die ich zur damaligen Zeit eher als Frechheit titulierte. Heute kann ich den Wert jener Tipps erfassen und schätzen, welche mich früher provozierten und zornig gemacht haben. Nimm gut gemeinten Rat nicht persönlich, wenn er mal etwas direkter daherkommt. Schätze ihn, erkenne die gute Absicht dahinter und erfahre die Botschaft. Es könnte eine wertvolle sein. Eine, die deinem Leben einen Stoß in die richtige Richtung gibt. Ich denke, du verstehst nun die Intention dahinter und bist bereit nach vorne zu schauen. Lass uns also kurz zum Spiegelkind übergehen, bevor wir zum nächsten Kapitel hopsen. Es ist nicht unbedingt einfach sich selbst zu vergeben, wenn man von Schuldgefühlen beherrscht wird. Jeder von uns hat gravierende Entscheidungen getroffen. Unsere Vergangenheit ist zwangsläufig davon geprägt. Uns ist bewusst, dass wir bestimmte Situationen nicht anders regeln hätten können. Zum Zeitpunkt einer falschen Entscheidung, die wir heute nicht mehr so treffen würden, waren wir nicht in der Lage anders zu handeln. Die Umstände waren nunmal so, wie sie waren. Obwohl wir das wissen fällt es uns schwer drüber zu stehen und zu akzeptieren. Die Machtlosigkeit hat ihre Spuren hinterlassen und übt Druck auf uns aus. Ist es nicht merkwürdig wie machtvoll heute die Machtlosigkeit von gestern ist? Wer verleiht ihr eigentlich diese Macht? Die Antwort liegt auf der Hand. Interessant ist auch die Frage, ob eine Entscheidung überhaupt falsch gewesen sein kann, wenn man bedenkt, dass du aufgrund deiner Machtlosigkeit nicht fähig warst, anders zu entscheiden. Wenn du nicht anders handeln konntest, dann konntest du eben nicht anders handeln.

Eigentlich logisch aber Schuld- und Schamgefühle wollen uns etwas anderes glauben lassen. Geht es um Kinder, betrachten wir die Dinge mit anderen Augen. Zwar greifen wir ein und klären nach einer ungeschickten Entscheidung auf aber der Gedanke, ob wir dem Kind jemals vergeben können, kommt natürlich nicht auf. Warum ist das so? Weil wir uns der Machtlosigkeit des Kindes bewusst sind. Was auch immer das Kind in seiner Kindlichkeit macht. Es einige Jahre später noch mit bissigen Vorwürfen zu konfrontieren wäre irre. Viele von uns tragen Schuldgefühle mit sich, die das Loslassen der Vergangenheit regelrecht verhindern. Dabei müssten wir uns selbst einfach vergeben und genau hier kommt das Spiegelkind ins Spiel. Ich habe es ins Leben gerufen, um Menschen eine entspannte Geisteshaltung zu ermöglichen. Gespräche über die elendige Vergangenheit können oftmals in eine mentale Sackgasse führen. Das Spiegelkind soll dies so oft wie möglich verhindern. Neue Blickwinkel können nur dann entstehen, wenn wir bereit sind neu zu fühlen und das ist die Absicht hinter dieser Methode. Begib dich also kurz auf eine Fantasie-Reise und stell dir ein unschuldiges, sehr glückliches Kind vor. Es wird uns das ganze Buch über begleiten deshalb bitte ich dich, auf Details zu achten. Versuche dich zu konzentrieren und sag dir selbst wie groß das Kind ist, das nun gedanklich vor dir steht. Beschreibe es so detailliert reich wie du kannst. Denk dabei an die Frisur und an die Haarfarbe. Welche Augenfarbe hat das Kind? Welche Farbe haben die Schuhe und welche Kleidung trägt das Kind? Welche Hautfarbe hat es? Wie klingt die Stimme, wenn es „Hallo“ sagt und dabei fröhlich lacht? Stell dir einen angenehmen Sommertag vor an dem das Kind vor dir steht, zu dir aufschaut und voller Lebensfreude strahlt. Die Szene vergeht in Zeitlupe und das freudige Lächeln wirkt ansteckend auf dich. Auch das Glück und die unendliche Lebensfreude springen auf dich über. Du spürst den Frohsinn des Kindes und erkennst, dass es ausschließlich im Jetzt lebt. Blockierende Gedanken existieren hier nicht, weil es den sonnigen Tag in jeder einzelnen Sekunde genießt. Hast du dir ein klares Bild gemacht? Lege gerne eine kurze Pause ein, wenn du magst. Lege das Buch zur Seite, schließe deine Augen und erschaffe Bilder vor deinem geistigen Auge. Nimm dir alle Zeit der Welt. Schließlich wird das Kind immer wieder mal auftauchen, um dir die Sinnlosigkeit deiner Schuldgefühle wiederzuspiegeln. Konzentriere dich also noch einmal und lies bitte erst weiter, sobald du ein klares Bild erschaffen hast. Ok, da du jetzt eine eigene Version konstruiert hast, möchte ich zwei Namen erwähnen. Lea und Leo. Ich selbst wähle den Namen Lea, weil mein Spiegelkind für dieses Buch ein weibliches ist. Ich werde diesen Namen des Öfteren erwähnen. Falls dein Spiegelkind ein Junge ist, bitte ich dich den Namen beim Lesen gedanklich auszuwechseln. Wenn ich „Lea“ schreibe, versuche bitte automatisch „Leo“ zu lesen. Natürlich bleibt es dir im Endeffekt selbst überlassen, welchen Namen du wählst. Möglicherweise hast du längst einen Namen für dein Spiegelkind, auch das ist ok. Hauptsache das Gesamtbild ist klar. Später werden wir es nämlich hervorrufen. Da das Kind noch frei von jeglicher Schuld ist, soll es als Projektionsfläche dienen. Bisher habe ich mit dieser Idee ausnahmslos gute Ergebnisse erzielt. Wenn mir Menschen Geschichten aus ihrer Vergangenheit erzählen, welche sie nicht loslassen können, bitte ich sie das Spiegelkind hervorzurufen. Im Zuge eines Gedanken-Experiments fordere ich dazu auf, alle beklemmenden Schuldgefühle zu einem dunklen Energieball zu formen. Dieser soll mit Selbstzweifel, all der Trauer und dem damit verbundenen Schmerz zusammengepackt werden. Sobald das geschehen ist, soll dem glücklichen Kind 10 Sekunden in die Augen geschaut werden. Nach Ablauf des Countdowns biete ich an, den dunklen Energieball voller Trauer, Angst und Schuld zu nehmen und dem glücklichen Spiegelkind direkt ins Herz zu schießen. Diese Wende verstört meine Gesprächspartner jedes Mal. Bis heute nahm kein einziger mein Angebot an. Ging es darum, dem Kind zu schaden, weigerten sich alle. Wäre dieser Zug des Gedankenexperiments verwerflich? Wenn ja, warum?

Ist das fehlende Loslassen in deiner Realität nichts anderes, als ein gedankliches Experiment? Du geiselst dich jeden Tag. Ständig wirst du entweder von Schuldgefühlen, Ängsten, Wut, Neid, Missgunst oder unaufhörbarer Trauer geplagt. Was auch immer du nicht loslassen kannst, findet in deinem Kopf statt. Der dunkle Energieball ist ein Konstrukt deiner Aufmerksamkeit. Du lässt den Ball den ganzen Tag um dich herum schweben. Da du dich an ihn gewöhnt hast, scheint er ein vertrauenswürdiger Begleiter zu sein. Wenn du ihn brauchst, um dich selbst herabzustufen, ist er da. Jeden Tag, jede Minute, jede Sekunde. Er kann ununterbrochen aktiviert und zur Selbstbestrafung eingesetzt werden. Ja, in Wahrheit trägst du ihn freiwillig mit dir rum. Jetzt denkst du vielleicht, dass das nicht zutrifft, da du all diesen schmerzlichen Gefühlen nicht gerne ausgesetzt bist. Das ist nur ein kleiner Ausschnitt dessen, was tatsächlich zutrifft. Ich denke eher du bist süchtig. Süchtig nach all dem, was du angeblich loslassen möchtest. Der dunkle Energieball ist dein Suchtmittel. Du bist von einer heimtückischen Droge abhängig, die du nicht als solche erkennen konntest und kannst. Das Schöne dieser Welt zieht in Höchtgeschwindigkeit an dir vorbei, weil du durchgehend berauscht bist. Dein Wachzustand gleicht dem Schlafzustand eines anderen, der sich von dieser Droge erfolgreich verabschiedet hat. Alles Schmerzhafte, was dir widerfährt nimmst du hin, weil du davon ausgehst, dass du es nicht anders verdienst. Für dich ist diese Geisteshaltung normal, für einen nüchternen Loslasser ganz klar die Konsequenz deines Drogenkonsums. Ein Loslasser kann deine Verfangenheit meist besser verstehen als du selbst und das, ohne deine Geschichte zu kennen. Das ist nicht nötig, denn deine Vergangenheit ist vergangen. Genau jetzt, während du liest, exisitiert sie nicht. Krampfhaft kannst du versuchen sie zurückzuholen, indem du dich wieder dem dunklen Energieball bedienst. Letztlich wird es dir nie und nimmer gelingen, in der Zeit zurück zu reisen, egal wie hoch deine Dosis ist. Du kannst dich gedanklich zurückversetzen und dir ständig dieselben Gefühle bescheren aber letztlich existiert dieses Konstrukt ausschließlich in deinem Kopf. Du weißt ja, alles steht dir frei. Der Gebrauch dieser harten Droge ist legal und du kannst dich bis zu deinem physischen Tod berauschen, wenn du das möchtest. Du könntest aber auch aufwachen, nüchtern werden und anfangen zu leben. Würdest du anders handeln, wenn du deinen Todestag kennst? Bist du überhaupt am Leben, solange du unter Drogeneinfluss stehst? Bist du weder tod noch wirklich lebendig? Dein Leben bietet dir alles was du willst und passt sich stets deinem Lebensgefühl an. Sieh zu, dass du nüchtern wirst, bevor dich eine Überdosis des dunklen Energieballs aus dem Weg räumt. Du hast, genauso wie Lea, etwas Schöneres verdient. Dir steht ein suchtfreies Leben voller Glück und Freude zu. Du hast ein Recht darauf, Gefühlen wie Trauer, Angst und Wut auf natürliche Weise und im gesunden Maße zu begegnen. Was oder wer auch immer dich in der Vergangenheit zum Drogenkonsum verleitet hat – Du wirst mithilfe deines Spiegelkindes lernen, dich frei zu machen. In einem späteren Kaptiel erhältst du Einblick in ein Gespräch, in dem Lea auftaucht. Stück für Stück wird dir klar, wie unvernünftig es eigentlich ist, die Vergangenheit festzuhalten. Im besten Fall wird es dir zukünftig sogar schwerfallen, dich an das festzukrallen, was dich sowohl gedanklich als auch körperlich unfrei macht. Den dunklen Energieball zu behalten oder ihn in Leas Herz zu verfrachten, sind nur zwei von drei Möglichkeiten. Zur dritten kommen wir bald. Zum Abschluss dieses Kapitels bitte ich dich jetzt einen Stift zur Hand zu nehmen. Auf der nächsten Seite findest du drei Fragen, welche ich dich nun bitte, ehrlich zu beantworten. Ich lade dich dazu ein, direkt ins Buch zu schreiben, damit du dir deine Antworten zu einem späteren Zeitpunkt noch einmal durchlesen kannst.

"NIMM DEN STIFT UND TRETE EIN, IN DEIN GEDANKLICHES GEBÄUDE.
DAS BEANTWORTEN VON FRAGEN BRINGT ERKENNTNISSE MIT FREUDE"

Was müsste Lea tun, damit du bereit bist, ihr den dunklen Energieball direkt in ihr unschuldiges Herz zu schießen? Zähle bitte fünf mögliche Gründe auf!

1 ____________________________

2 ____________________________

3 ____________________________

4 ____________________________

5 ____________________________

Würdest du reagieren, wenn du unmittelbar mitbekommst, dass ein anderer seinen dunklen Energieball vorbereitet, um ihn Lea direkt ins Herz zu schmuggeln? Wenn ja, was genau würdest du machen? Wenn nein, warum nicht?

Was macht Lea anders als du?
Nenne vier Eigenschaften, welche du dir von deinem glücklichen Spiegelkind abschauen solltest.

1. ____

2. ____

3. ____

4. ____

FAZIT

- Du hast nun dein glückliches, freiheitsliebendes Spiegelkind kennengelernt.

- Rufe es hervor, wenn dir destruktive Gedanken in den Sinn kommen & frag dich dann, ob du diese an dein unbescholtenes Spiegelkind weitergeben würdest.

- Wisse, dass es den dunklen Energieball voller Angst, Wut & Schmerz nicht verdient – genauso wenig wie du!

- Es führt dir vor Augen, dass du hemmende Scham- & Schuldgefühle vehement ablehnen sollst.

- Lebe auch du im Hier & Jetzt, sei dankbar & genieße den gegenwärtigen Moment.

- Tu dir selbst nur das an, was du deinem Spiegelkind auch antun würdest.

- Erkenne das Wunder des Lebens & betrachte es aus der nüchternen Perspektive eines Kindes – deinem Spiegelkind.

- Du entscheidest.

3. Schritt: Das richtige Umfeld

Es hat mehr Einfluss auf uns, als wir uns anfänglich zugestehen wollen. Es kann Kraft geben und nehmen. Das Umfeld, an welches wir uns unmerklich gewöhnt haben, wirkt auf uns, ob wir wollen oder nicht. Wir passen uns kleinweise an und kommen erst spät, wenn überhaupt, dahinter. Wie das eine bestimmte Lied, das einen immer an eine vergangene Liebesbeziehung erinnert, macht auch die unweigerliche Interaktion mit unserem Umfeld etwas mit uns. Das grimmige Erscheinungsbild einer Kassiererin im Shop nebenan, die Negativität der Bewohner in unmittelbarer Nähe, das ewige Meckern des besten Freundes oder der fehlende Weitblick eines Bekannten, der an der Umsetzung von einer deiner Ideen zweifelt. Was in unserem unmittelbaren Umfeld geschieht, hat Einfluss auf unseren Geisteszustand. Ist das Umfeld von Pessimisten geprägt, wird es uns schwer fallen das Schöne wahrzunehmen. In einem dankbaren Umfeld, welches sich vermehrt auf die freudigen Seiten des Lebens fokussiert, fällt uns das natürlich leichter. Das ist nur logisch, da wir Menschen uns ein friedvolles Miteinander wünschen und nach Glück und Freude streben. Auf der anderen Seite ist es ebenso logisch, dass pessimistisch denkende Menschen eher dazu neigen, sich mit Gleichgesinnten zusammen zu tun.

Warum ist das so? Das ist so, weil sich das Leben immer dem Lebensgefühl anpasst. Es zeigt sich dir stets so, wie du es gedanklich verlangst. Das ist kein Hokuspokus, sondern eine der ersten Erkenntnisse jener Menschen, die den eigenen Weckruf endlich gehört haben und gewillt sind wach zu werden. In dein Leben ziehst du nicht das, was du dir nur ein bisschen, träumend wünscht, sondern das wovon du aktuell, gedanklich zu 100 Prozent überzeugt bist. Das, was du wirklich glaubst zu wissen, wird eintreffen. Das können kleine Dinge sein, wie das Nichtbestehen einer Prüfung. Es können aber auch große, positive Dinge sein, wie das Erreichen eines hochgesteckten Ziels. In der heutigen Zeit werden wir von Seminaren überschwemmt, die uns erklären, wie wir reich werden. Auf der anderen Seite wird uns wiederum reingedrückt, dass wir überheblich und arrogant wären, wenn wir in diese Richtung gehen. Außerdem funktioniert das nur bei wenigen. Was ist nun wahr? Die Antwort ist so simpel wie kompliziert: Beides ist wahr! Welche Seite deines Lebens du erfährst, ist stets deine eigene Entscheidung. Was du wissen musst ist, dass dein Lebensgefühl essentiell ist. Du hast die Freiheit zu entscheiden, ob du deine dramatische Vergangenheit weiterhin am Leben hältst oder, ob du dich endlich gedanklich und emotional frei machst, um ein neues, fröhliches Lebensgefühl hervorzubringen. Es liegt an dir und wenn du genug Selbstvertrauen hast ist das eine sehr gute Nachricht. Sie ist bedeutend, weil sie darlegt, dass du kein Opfer deiner Realität bist. Genau das Gegenteil ist der Fall. Du bist der Schöpfer deiner Realität. Das mag klischeehaft klingen, da man das heutzutage nahezu überall lesen kann. Dennoch handelt es sich hierbei um eine Erkenntnis, die alles verändern kann. Wenn du das begreifst, wirst du alles loslassen, was dich runterzieht. Stück für Stück wird dir bewusst werden, was dich eigentlich schon die ganze Zeit über heimlich runtergezogen hat. Bei mir waren das einige Aspekte, bei denen ich auf das genaue Gegenteil plädiert hätte. Menschen, die mir wichtig schienen, weil ich dachte, dass wir uns gut verstehen, haben mich auf meinem Weg zum Loslassen aufgehalten. Mir wurde das endgültige Loslassen verwehrt, solange ich mit Leuten zu tun hatte, die mir mein trauriges, schmerzliches Lebensgefühl bestätigten. Damals dachte ich, dass ich genau das richtige Umfeld habe, weil ich hier sogar wortlos verstanden werde. Die Bestätigung meiner Dramen nahm ich als Trost und Anerkennung wahr. In mir wuchs jedoch langsam ein Widerspruch heran. Ein Gefühl, das mich zum Hinterfragen anstachelte. Ich habe schon immer so gut wie alles hinterfragt aber mein Umfeld betreffend war ich lange Zeit blind. Ich habe meinen Blick nach außen gerichtet und vieles erkannt. Die Gegebenheiten in meiner direkten Nähe waren jedoch als ganz normal abgespeichert. Was wird wohl ein Kind über das Rauchen von Zigaretten denken, wenn sich die Mutter eine nach der anderen anzündet und dabei so tut, als wäre es ganz normal? Welche Vorstellungen und Erwartungen hat das Kind später, wenn es tagtäglich Drama, Leid, Trauer und Mangel vorgelebt bekommt? In einigen Fällen regt dies glücklicherweise zum Hinterfragen an aber in den allermeisten Fällen eher zur Fortführung einer sehr ähnlichen Lebensweise. Wir ahmen nach und gehen von der Richtigkeit unserer Lebensweise aus. Ich selbst kam erst sehr spät auf die Idee, das herrschende Leid zu hinterfragen. In diesem Bereich war ich bis zu meinem 23. Lebensjahr ein typischer Kleindenker. Mit dem Loslassen habe ich mich damals noch nicht ausgiebig beschäftigt aber wie bereits erwähnt, war er da. Der kleine Widerspruch, der allmählich begann zu wachsen. Als junger Erwachsener wurde mir schleichend klar, dass mein Umfeld immer weniger zu mir passte, oder umgekehrt. Durch das Beobachten von Menschen die älter sind als ich, entwickelte ich ein intuitives Gespür dafür, das Maß der Bereitschaft zur echten Veränderung zu erkennen. Mir fiel die Wiederkehr von bekannten Problemen auf. Jedes Mal waren sie irgendwie anders verpackt aber im Grunde waren es die gleichen Themen. Probleme mit dem Partner, Schulden, Verlustangst, Süchte, Fehlentscheidungen und so weiter. All das war in meinem unmittelbaren Umfeld Usus. Als mir das auffiel, war ich bereit etwas zu verändern. Somit begann ich lösungsorientiert zu denken und nachdem mir die endlose Wiederholung dieser sogenannten Schicksalsschläge bewusst wurde, erkannte ich, dass noch etwas gleichblieb. Es war der Umgang mit all diesen Tiefs. Der Umgang veränderte sich nicht um einen einzigen Millimeter. Eine Ausrede musste ich tausendmal hören, bevor ich sie überhaupt als solche registrieren konnte. Davor habe ich sie selbst ungeniert angewendet, weil ich von ihrer Richtigkeit ausging. Ich schmückte mich selbst mit Phrasen wie „Ich hatte in meiner Vergangenheit leider sehr viel Pech und deswegen kann ich dies und jenes nicht erreichen“. Auch sehr beliebt war der Glaubenssatz von meinem Vater: „Wir werden niemals mehr haben, weil wir einfach nicht dazu geboren sind“. Ein unterwürfiges Mangeldenken war damit vorprogrammiert. Meinem Vater vertraute ich natürlich und dadurch wurde dieser Glaubenssatz zu meinem Leitfaden. Das ständige Anziehen von Mangel beziehungsweise das routinierte Abwehren von Fülle, lies meine Lebensqualität lange Zeit stagnieren bevor sie lautlos begann dahinzuschmelzen. Mein eigentliches, ursprüngliches Naturell setzte sich aber durch. Je mehr Schicksalsschläge, Leid und Schmerz ich erfuhr, desto mehr drängte sich die Frage auf, warum mir mein Leben das präsentiert. Die Antwort fand ich in meinem Umfeld, das grundsätzlich mit denselben Plagen ringte. Auf den ersten Blick gab es etliche Erklärungen, die nur Viertelwahrheiten erzählten. In letzter Instanz war es aber fast immer das Gleiche und zwar das fehlende Loslassen.

Menschen in meinem damaligen Umfeld hielten es für besser, sich an die Vergangenheit zu krallen. Sich mit negativen Glaubenssätzen zu bremsen war nicht verwerflich, sondern sorgte für Ansehen. Sprüche wie „Vergiss niemals wo du herkommst“, erlaubten mir nicht, die Welt zu entdecken. Fehlende Selbstliebe durch den frühen Verlust eines Familienmitglieds, tiefe Schamgefühle durch den destruktiven Umgang damit und ein niedriges Level an Selbstbewusstsein, versteckt hinter der Maske des rebellischen Widerstands, standen an der Tagesordnung. Meine innere Diskrepanz wurde lauter und mit dem wachsenden Schmerz ging auch der Drang nach Aufklärung einher. Ich erkannte bei allen anderen, was sie falsch machen. Traf ich einen Bekannten, der mir von seinen Problemen erzählte, erkannte ich sofort, was er tun müsste, damit sich seine Situation zum Guten verändert. Ich predigte das Loslassen von Schamgefühlen, Glaubenssätzen, Verlusten, Verletzungen und Fehlern. Ich machte jedem klar, dass er mit der Vergangenheit abschließen muss, damit sich das Leben zumindest von einer neutralen Seite zeigen kann. Intuitiv spürte ich sofort, wenn sich jemand aus meinem Umfeld noch gedanklich in der Vergangenheit befindet. Ich erkannte augenblicklich, wo der Hund begraben liegt und wollte so vielen Menschen wie möglich helfen. Ich verbrachte also einige Zeit mit Bewusstseinsarbeit und gab mein Bestes, um in den Köpfen der Leute zu landen. Meine Erfolgsquote war jedoch gering. So sehr ich es auch versuchte, gelang es mir nicht, die Menschen aus meinem Umfeld zur aktiven Gestaltung ihrer Veränderung zu bewegen. Der Funken sprang nicht über und mein Umfeld fuhr dieselbe Schiene wie all die schleppenden Jahre zuvor. In mir sorgte das erneut für Schmerz und dieser wurde nun groß genug, um mich aufzuwecken. Mir ging ein Licht auf, als ich feststellte, dass mein Zeigefinger die ganze Zeit über auf die anderen zeigte, während zeitgleich drei meiner eigenen Finger auf mich selbst zeigten. Es stellte sich heraus, dass ich jährlich 8760 Stunden in die Leere predigen könnte, ohne jemanden zu erreichen. Um das zu verändern, musste ich mich selbst verändern. Ich musste mich und mein gesamtes Denken reformieren. Neben meiner Denkweise fing ich an, meine Gefühle zu lokalisieren und zu analysieren. Wie ein nasser Hund sich das Wasser abschüttelt, musste ich dies mit all meinen Glaubenssätzen abschütteln, um dem Trott zu entkommen. Ich hatte plötzlich ein Ziel. Es bestand darin, die Vergangenheit loszulassen. Ich verstand den Zusammenhang vom fehlenden Loslassen der

Vergangenheit und dem Kreieren einer tristen Gegenwart. Ich hatte keine Lust mehr zu trauern. Ich wollte wissen wer ich bin, sobald ich meinen Rucksack voller Schamgefühle, Trauer, Schmerz, Angst und Zweifel ablege. Als ich davon erzählte, wurde ich schief angeschaut. Die Idee kam in meinem damaligen Umfeld nicht gut an. Mein Mut zur Veränderung wurde mit Überheblichkeit verwechselt. Die Übernahme von Eigenverantwortung wurde mit Arroganz gleichgesetzt. In meiner Abwesenheit jonglierten die Leute in meinem Umfeld mit Slogans wie „Was maßt sich dieser Michael plötzlich an und glaubt er jetzt, er ist besser als wir"? Ich stieß auf Unverständnis aber war trotzdem gewillt loszulassen. So kam es, dass ich zwei Jahre lang gegen eine Wand rannte. Was ich sagte wurde nicht wirklich angehört, wenn es die Opferrolle zum Vorschein gebracht hat. Meine Fragen wurden willkürlich interpretiert und meine grundlegende Intention, nämlich das Erschaffen eines neuen, glücklichen, fröhlichen Lebensgefühls, wurde mit allen Mitteln untergraben. Ich musste also zugeben, dass ich in diesem Umfeld, trotz meines starken Willens, nicht dazu fähig bin, meine Vergangenheit ganz loszulassen. Es gelang mir teil- und zeitweise. Verglichen mit dem Durchschnitt meines Umfelds war ich zwar um Welten voraus aber vom eigentlichen Ziel noch weit entfernt. Wenn ich einen Schritt nach vorne machte, griff das Umfeld nach mir, um mich zu bremsen. Wie ein Gummiband zog es mich nach hinten. Ich habe viel meditiert und war geistig ziemlich geordnet. Da ich diesem Trott jedoch ständig ausgesetzt war, hatte ich keinen Zugriff auf mein volles Potential. Ich hatte den Vorhang erkannt und war bereit ihn zur Seite zu ziehen, um zu sehen was sich dahinter verbirgt aber der restliche Kleber der bereits entfernten Fäden, befand sich auf meinen Schuhsohlen. Ich kam also im Schnecken-Tempo voran und musste einsehen, dass ich meine alten Schuhe ausziehen muss. Ich musste mich von all dem lösen, was mich zurückhält. Die Vergangenheit, mit all den dazugehörigen Themen loszulassen, war nur möglich, wenn ich das Umfeld verlasse, welches mich aus Angst vor Veränderung darin festahalten möchte. Ein Umfeld, das nicht bereit ist, in den Spiegel zu schauen und Eigenverantwortung zu übernehmen, hält auch dich unweigerlich auf. Es macht dir das Loslassen schwerer, als es eigentlich ist. Der Blick für das Wesentliche wird durch die ewige Symptombekämpfung vernebelt. Hier herrscht die Angst vor der Ursache und darum werden rundherum Mauern gebaut. Du kannst über jede einzelne klettern, es kann auf lange Zeit funktionieren. Du kannst dieses Feld aber auch verlassen, auf einen Berg wandern und die Vogelperspektive einnehmen. Wie viele Menschen, habe auch ich erst danach allumfassend verstanden, welchen Einfluss mein Umfeld auf mich haben kann.

Auch hier lagen Welten zwischen der ersten Erkenntnis und dem tatsächlichen Verlassen des Feldes. Die Theorie machte mich neugierig und spornte mich enorm an. Die Praxis erfüllte mich dann ganzheitlich. Wie sieht dein Umfeld aus? Ich meine nicht nur deine zwei Freundinnen, die möglicherweise all dem, was du gerade gelesen hast, nicht entsprechen. Ich meine auch deinen Partner, deinen Nachbarn, deinen Vorgesetzten und deine Arbeitskollegen. Welche Ausstrahlung haben die Verkäuferinnen in dem Geschäft, wo du deine Lebensmittel holst. Wie wirkt das Personal in einer Postfiliale auf dich und worüber unterhalten sich die Menschen in deinem Bekanntenkreis? Welche Glaubenssätze herrschen in deinem Umfeld? Welche Probleme wiederholen sich immer und immer wieder? Beobachte mal ganz genau, wie sich die Menschen verhalten, denen du begegnest. Je öfter du das machst desto mehr wird dir der Einfluss von allem, was du hörst und siehst bewusst. Anschließend wird dir klar, dass es Gefühle erzeugt, die eigentlich nichts mit dir zu tun haben. Dein Lebensgefühl kann erschaffen werden und das wirst du gnadenlos erfahren. Schnell wirst du dir die systematische Symptombekämpfung an der Oberfläche eingestehen müssen, weil du nun zwischen den Mauern und dem Berg wählen musst. In der Mitte zu verweilen und nur zu hoffen wird dir genauso wenig bringen, wie alle anderen Taktiken zuvor. In einem tristen Umfeld kannst du so viel meditieren wie du willst. Ja, du wirst dich selbst ablenken und manipulieren können. Deine Gedanken wirst du bestimmt besser ordnen und innerlich wirst du dich erleichtert fühlen aber dein Umfeld wirkt auf dich, ob du dir das eingestehen willst oder nicht. Die freche Bemerkung eines genervten Radfahres wird dich nicht aus der Bahn werfen. Auch eine Beleidigung wird dich nicht in eine Depression stürzen. Aber hältst du dich die meiste Zeit in einem Umfeld auf, in dem sowas keine Ausnahme, sondern der normale Alltag ist, musst du dir eingestehen, dass es auf lange Sicht etwas mit dir macht. Wenn die Kassiererin einmal grimmig und verbittert dreinschaut, tangiert es dich weniger. Wenn aber alles zusammenkommt, kann dein Meditations-Grinser noch so breit sein. Dahinter verbirgt sich die geballte Energie deiner unbewussten Aufmerksamkeit. Ja, du kannst dich konzentrieren und das, was dich runterzieht, eine Zeit lang ausblenden. Das kann ganz gut funktionieren aber um voran zu kommen reicht positives Denken allein nicht aus. Schon gar nicht, wenn dein Umfeld ständig das Gegenteil beschwört. Es ist schwer die Vergangenheit loszulassen, wenn das eigene Umfeld darin lebt und im Extremfall sogar die klebrigen Fäden bis aufs Blut verteidigt.

Zwischendurch ein kleines Quiz. Die Lösung zeigt sich dir gewiss.

_ _ H   _ I _

_ E _ U _

Festhalter erkennen

Wie du bereits weißt, bist du nicht deine Vergangenheit. Möglicherweise gibt es in deinem Umfeld jedoch Leute, die das Gegenteil glauben. Nicht jedem ist seine Identifizierung mit der Vergangenheit und schon gar nicht dessen Auswirkungen bewusst. Bei vielen entwickelt sich der Gedanke in diese Richtung niemals. Deine Geschichte hat dich nicht zu dem gemacht, was du heute bist. Du weißt mittlerweile, dass das nicht möglich ist, da du auch heute noch das bist, was du schon immer warst. Deine Geschichte hat dich maximal dahin geführt, wo du heute bist. Diese Differenzierung ist essentiell. Dass du auch deine Wurzeln nicht vergisst und sie ehrst, unterstelle ich dir hiermit einfach einmal. Ich denke darüber müssen wir uns nicht unterhalten. Du kannst sowohl wissen wo du herkommst und zeitgleich deine Geschichte loslassen, um deine Entdeckungsreise zu genießen. Ein sogenannter Festhalter sieht darin einen Widerspruch, weil er Veränderungen scheut. Er setzt neue Erfahrung und die damit einhergehende Horizonterweiterung mit Eigenverrat gleich, weil er befürchtet sein altes Weltbild in Frage stellen zu müssen. Das würde ihn früher oder später dahinführen, wo du momentan bist. Loslassen ist für den Festhalter ein Fremdwort und daher wird er dich und deinen Drang auszubrechen kaum nachvollziehen können. Deine Risikobereitschaft führt ihm seine klebrigen Fäden vor Augen und das versetzt ihn jedes Mal in einen Zustand der Angst. Festhalter sind im besten Fall Nachzügler, die eine Erkenntnis erst dann haben, wenn du sie längst in deine Lebensweise integriert hast. Davor werden sie ständig von Emotionen gelenkt, die sie selbst nicht lokalisieren können. Sie haben das Gefühl, davon regelrecht überflutet zu werden. Der Absender dieser Emotionsflut sind sie natürlich selbst aber dies zu akzeptieren, geschweige denn zu erkennen, ist erst ab einem gewissen Grad an Bewusstheit möglich. Das klingt für einen Festhalter sehr hart, weil er sich gegen die Wahrheit wehrt anstatt nach ihr zu streben. Eigentlich könnte dir das egal sein, möchte man meinen. Wer nur halbwegs mit sich selbst im Reinen ist, weiß sowieso, dass niemand mehr oder weniger wert sein kann, als der andere. Ein Festhalter wird deine Reiselust trotzdem genau gegenteilig auslegen. Er wertet sie als Angriff und bewaffnet sich dadurch mit Unterstellungs-Pistolen. Er wird auf dich feuern während du versuchst ihm deine Hand zu reichen. Eine gut gemeinte Buchempfehlung beschießt er mit: „Soll das heißen, ich bin dumm oder was“? Eine gute Freundin von mir hatte acht Jahre lang keinen Kontakt zu ihrer einst besten Freundin. Pia‘s Verbrechen war es, sich für Yoga zu begeistern. Sie entdeckte den Sport, befasste sich allgemein mit einem gesunden und bewussten Lebensstil und das wurde ihr zum Verhängnis. Unverändert verbrachte die vermeintlich beste Freundin jedes Wochenende in den üblichen Party-Klubs. Dabei wurde sie nicht müde von Pia‘s grausamer Straftat zu berichten. Sie verirrte sich in die Rolle einer Agentin und verstand es als ihre Mission. Bis auf einen makroskopischen Teil, stellte der gesamte Freundeskreis einen Angriff aus dem Hinterhalt fest. Aufgrund dieser Verschwörung stand Pia schnellstens alleine da. Am Anfang fiel ihr das nicht leicht. Verständlich, wenn man bedenkt, dass sie mit dem Großteil dieser Leute aufgewachsen ist. Sie sollten eigentlich hinter Pia stehen und ihre Weiterentwicklung begrüßen. In Bezug auf das eigene, geistige Wachstum profitiert letztlich jeder, der sich verschiedenste Sicht- und Lebensweisen zumindest anschaut. Das ginge einem Festhalter aber wieder zu weit, weil es seine Fähigkeit zur Verarbeitung von neuer Information übersteigt. Pia wurde demnach zum typischen Feindbild. Ihr wurde Verrat und Hochmut unterstellt. Die Festhalter-Armee magazinierte auf und Kugeln flogen durch die Luft. „Die glaubt, was besseres zu sein“ und „Die war selbst jahrelang feiern und jetzt bildet sie sich plötzlich ein, Yoga machen zu müssen“, streiften Pia ein paar Mal. Sie wankte anfänglich noch und versuchte ihren neuen Lebensstil mit dem alten zu kombinieren. Zuerst besuchte sie die Klubs weiterhin, jedoch ohne Alkohol zu trinken. Das kam schonmal nicht so gut an. Sie traf auf Unverständnis und gab sich Mühe drüber zu stehen. Das Verständnis wurde zur Missachtung gepaart mit hinterlistiger Gegenwehr und sonach tauchte sie nur noch jedes dritte Wochenende auf. Aufgrund ihres neuen, gesunden Lebensstils, wurde sie immer wacher und somit setzte sich Pia zum Ziel, früh aufzustehen, um den Tag maximal zu genießen. Ein lautes Nachtleben war dafür eindeutig ungeeignet.

"UND AM ENDE DES TAGES MERKST DU DANN WIEDER,
DASS ES NICHT PASST, WIE EIGENSINNIGE FUßBALLSPIELER"

Die Schüsse der Unterstellungs-Pistolen kamen also zu spät, weil Pia die Vorteile eines gesunden Lebensstils nicht mehr ignorieren konnte. Das Nachtleben zu meiden war die einzig logische Konsequenz. Nun galt Pia als vollkommen irre. Die Festhalter-Armee startete eine verbitterte Abwehrreaktion. Die Scharr wurde von Pia‘s bester Freundin angeführt und diese verkündete das Urteil: „Kontaktabbruch“! In den Monaten davor kündigte sich dieses Ergebnis natürlich an. Es war ein schleichender aber absehbarer Prozess. In welche Richtung es verläuft, spüren wir intuitiv. Obwohl es keine Überraschung war stand Pia vor einer Herausforderung. Einen Lebensabschnitt bewusst loszulassen ist nicht einfach, wenn man keine Erfahrung damit hat. Vielleicht fragst du dich in so einer Situation, wo du eigentlich hingehörst beziehungsweise wer du, ohne deiner Vergangenheit, bist. Schuldgefühle können auftreten und dich darüber nachdenken lassen, ob du dich vielleicht doch lieber wieder mehr anpassen und Kompromisse eingehen solltest. Viele stellen den eigenen Weg in Frage, weil sie befürchten alleine, ohne Freunde dazustehen. Das sind berechtigte Reflexe. Wer sich trotzdem für den neuen Lebensabschnitt entscheidet, lebt frei. Schließlich ist es die innere Stimme, die uns vertraulich und zu unserem Wohle navigiert. Je lauter die Stimmen der Festhalter-Armee desto leiser die eigene, innere Stimme. Damit ist nicht wirklich eine hörbare Stimme gemeint, sondern viel eher deine Intuition. Du kannst im Herzen fühlen, was in der gegenwärtigen Situation angebracht wäre. Wie oft denken oder sagen wir im Nachhinein, dass wir auf unser Gefühl hätten hören sollen, weil dieses bereits im ersten Moment genau richtig lag? Sich dieser Fähigkeit wieder bewusst zu werden scheint mir in der aktuellen Zeit äußerst wertvoll zu sein. Die ununterbrochene Suche nach Anleitungen von anderen im Außen würde aufhören. Wir hätten mehr Zeit, könnten unser Leben sinnvoller gestalten und aufgrund des inneren Friedens wären wir auch in der Lage, andere Lebensarten zu akzeptieren. Hierfür sind ein gesundes Selbstbewusstsein und ein höheres Selbstwertgefühl vonnöten. Ein Festhalter hat bei beiden ein Deffizit und genau hier liegt die Crux des Kapitels. Er kann eigentlich nichts dafür. Ihn zu verurteilen, macht keinen Sinn. Jeder Schuss in deine Richtung ist ein Hilferuf der da zum Beispiel lautet: „Bitte erkläre mir, wie ich mich selbst lieben kann“! Die innere Uhr eines Festhalters tickt doppelt so schnell, wenn er dir dabei zusieht, wie du deinen eigenen Weg erschaffst indem du ihn mutig gehst. Er fragt sich zwangsläufig, was dein Fortschritt für ihn bedeutet und das erschreckt ihn. Das geringe Selbstwertgefühl vernebelt ihm die Sicht auf die zahlreichen Vorteile von neuen Erfahrungen. Ein selbstbestimmtes Leben voller Glück und Freude kommt ihm nicht in den Sinn. Das mangelhafte Selbstbewusstsein gaukelt ihm vor, bereits zufrieden und erfüllt zu sein. Er kommt erst gar nicht in den

Genuss, sein volles Potential auszuschöpfen. Er hat vielleicht noch nie davon gehört und ist irritiert, wenn dein Verhalten seine begrenzte Vorstellungskraft sprengt. Du könntest ihm eine, von dir erstellte, Liste auf den Tisch legen.

Selbst wenn von 100 niedergeschriebenen Wörtern, 90 die möglichen Vorteile einer Veränderung darlegen, versucht der Festhalter die 10 Kontras zu finden. Dieser Pessimismus wird von seinem geringen Selbstwertgefühl genährt. Die Konzentration gilt seiner Angst, weil er sich damit identifiziert. Die Vergangenheit loszulassen bedeutet immer Veränderung und da ein Festhalter diese fürchtet, bastelt er Ausreden für sein Stagnieren. An denen feilt er solange, bis er selbst nicht mehr weiß, was davon nun wahr ist und was erfunden. Die Grenze verschwimmt und mutige Loslasser werden für das Spiegeln der eigenen Feigheit angegriffen. Ich rate dir nicht allzu lange Zeit damit zu verbringen, jemanden mitzuschleifen. Klar, das erfolgreiche Loslassen der Vergangenheit sorgt für überragende Glücksgefühle. Dieser allumfassende Frieden ist so ernorm, dass du es gar nicht für dich alleine behalten kannst. Vor lauter Freude möchtest du all das höchstwahrscheinlich mit guten Freunden teilen. Das ist prinzipiell wunderschön jedoch kann der Schuss auch nach hinten losgehen, wenn du mit deiner blinden Euphorie an ängstliche

Festhalter gerätst. Wandle blinde Euphorie in bewusste Lebensfreude um, damit du Festhalter erkennen kannst. Mach nicht den Fehler zu glauben, dass du der Auserwählte, der einzige Mensch auf dieser Welt bist, der deinem Freund helfen kann. Auch wenn du denkst, dass nur du ihn wirklich verstehst, musst du lernen dich abzugrenzen, um zu wachsen. Schaffst du das nicht, bleibt ihr wahrscheinlich beide auf der Strecke. Einer von beiden sollte jedoch den Mut aufbringen und loslassen. Dadurch entwickelst du langzeitig so viel Kraft, dass du anderen helfen kannst, ohne dich dabei in die Rückwärtsgewandheit zu begeben. Hilf dir selbst, damit du anderen helfen kannst. In deine Kraft kommst du nur, wenn du Festhaltern keine Chance gibst, nach dir zu greifen. Du solltest also deine Aufmerksamkeit schärfen, um Festhalter überhaupt zu erkennen. Die Pistole eines Festhalters ist zwar immer die gleiche, die Munition kann jedoch variieren. Die bereits erwähnten Szenarien zählen eher zu den härteren Geschossen. Es gibt aber auch getarnte Angriffe. Geschossen wird beispielsweise mit Humor-Kugeln. Diese kommen unterschwellig zum Einsatz. Ein Festhalter kann die Erzählungen deiner neuen Erfahrung mit Humor runterspielen und deine Begeisterung mit einem Witz untergraben. Pia berichtete leidenschaftlich von ihrer Yogaerfahrung und als Antwort kam einzig und allein sowas wie: „Na hoffentlich brichst du dir dabei nichts. Sag Bescheid, wenn ich die Rettung rufen soll“. Was ich selbst sehr oft erlebt habe war der Versuch, jemanden mit alten Witzen in die Vergangenheit zu zerren. Ich erinnere mich an eine öffentliche Veranstaltung, bei der mir ein alter Freund begegnete. Wir kamen kurz ins Gespräch. Ich versuchte zu erfragen, wie er sich fühlt und wie er sein Leben momentan gestaltet. Anstatt darauf einzugehen, grub er die ganze Zeit alte Witze aus. Durch sein geringes Selbstwertgefühl und die daraus wachsende Unsicherheit fühlte er sich verpflichtet einen gemeinsamen Nenner aus der Vergangenheit herzustellen. Er konnte mir nicht auf Augenhöhe begegnen und weil ich die Identifikation mit meiner Vergangenheit erkannt und losgelassen habe, fühlte er sich mit diesem Thema sofort konfrontiert. Dass ich Menschen niemals abwerte weiß er. Er war ein sehr enger Freund und kennt mich gut. Dennoch konnte er mit meiner zwischenzeitlichen Weiterentwicklung nur schwer umgehen. Auf harmlose Fragen wie zum Beispiel: „Wie hast du die letzten drei Jahre so verbracht, was hat sich getan?“, reagierte er mit leeren Halbantworten. Das Gespräch dauerte ungefähr fünf Minuten. Leider bestand es größtenteils aus Aussagen wie: „Weißt du noch, als wir damals ……..“ und alten Insider-Witzen. Ich kann mich noch gut an den gedanklichen Zwiespalt in dieser Situation erinnern. Ich überlegte kurz, ob ich solidarisch mitlachen soll und war zuerst nicht sicher, ob es mir zusteht, nicht in die Rolle meiner Vergangenheit zu schlüpfen. Sehr schnell wurde mir aber klar, dass es sich hier um einen getarnten Angriff handelt. Die Absicht dahinter war natürlich keine böse. Sein Verhalten war auch hier das Resultat von Angst. Er wollte mir nicht bewusst schaden, ging aber davon aus, dass sich sein Schmerz lindert, wenn er es schaffen würde, mich auf seine Schiene zu zerren. Ein Trugschluss, der alles nur verschlimmert. Jedenfalls war dies eines der ersten Male, dass ich einen Festhalter erkannte, der mit Humor-Kugeln um sich schießt. Rückblickend verstand ich warum mir manche Begegnungen so viel Kraft kosteten. Bis dahin war mir nicht bewusst, dass der sogartige Strudel der Vergangenheit auch von alten Insider-Witzen angetrieben wird. Du merkst also, es gibt verschiedene Festhalter-Typen. Der eine greift offensichtlich nach dir, während der andere dich unterschwellig erreichen und anketten möchte. Die allermeisten machen es sich nicht zur aktiven Aufgabe dir zu schaden. Viel eher ist das kontraproduktive Verhalten ein Hilferuf. Wisse jedoch, dass du das Recht hast, dich abzugrenzen. Wenn du deine Vergangenheit wirklich loslassen willst, solltest du nicht den großen Heiler spielen und dich von deinem Helferleinsyndrom fehlleiten lassen. Du darfst dich um dich kümmern. Du darfst Festhalter erkennen, um folgend entsprechend mit ihnen umzugehen, ohne dich dabei schuldig zu fühlen. Du bist kein schlechter

Mensch, wenn du dich zuerst einmal um dich kümmerst. Du hilfst den Menschen am meisten, wenn du dir selbst hilfst. Nur, wenn du in deiner eigenen Kraft bist und Zugriff zu deiner wahren Stärke hast, kannst du die relevanten Steine ins Rollen bringen. Lass dir von niemandem einreden, dass du ein schlechtes Gewissen haben musst, wenn du dich Mal eine Zeit lang ausschließlich um dich kümmerst. Das werfen dir nur jene an den Kopf, die sich kleine Gedanken machen und Eigenverantwortung strikt ablehnen. Richte deine Aufmerksamkeit lieber auf das Ziel und nenne die Dinge beim Namen.

Erlaube es dir einen Festhalter auch so zu nennen. Du musst den Begriff nicht aussprechen. Es reicht, wenn du ihn gedanklich verwendest. Hauptsache du redest dir die mühsamen Begegnungen mit Festhaltern nicht schön. Wir reden hier nicht von der einen Begegnung, die etwas anstrengend war. Das kommt vor, klar. Es geht gezielt um Menschen, die du regelmäßig triffst. Diejenigen, die dich beim Loslassen deiner Vergangenheit vehement stören, weil sie sich selbst noch verbissen an ihre eigene klammern. Das Spektrum der Festhalter-Typen ist breit und von relativ harmlos bis hinzu penetrant ist alles dabei. Das wirst du sehr schnell erkennen, wenn du anfängst bewusst zu beobachten. Ich hatte nicht wenige Aha-Momente und staunte oft, als mir klar wurde, welche Menschen mir eigentlich Energie und Kraft rauben. Gerade die, bei denen ich davon ausging, dass sie mir Kraft spenden, entpuppten sich als Festhalter. Meine sogenannten besten Freunde waren stets herzliche Menschen mit guter Intention aber in Wahrheit bremsten wir uns gegenseitig, wenn es darum ging uns frei zu machen und zu entfalten. Machte der eine zwei Schritte nach vorne, zog ihn der andere zurück, um sich den Blick in den Spiegel zu sparen. Im Fall von Pia, war es der dritte Schritt, der ihr endlich den gesunden Abstand verschaffte. Der Ausflug in eine ihr bislang unbekannte Welt, gab ihr zu verstehen, dass es nötig ist Festhalter zu benennen, diese folglich zu erkennen, um sich von ihnen zu trennen und sich selbst zu einem Leben voller Glück, Freude und Weiterentwicklung zu bekennen.

Kontakt abbrechen erlaubt?

Vielleicht hast du dich schonmal gefragt, ob es ok oder gar erlaubt wäre, den Kontakt zu einem bestimmten Menschen abzubrechen. Die Grünsde können unterschiedlich sein aber der Ordnung halber beziehen wir uns auf das Thema des Buches. Ist es erlaubt, sich von einem Festhalter zu verabschieden, um die Vergangenheit loslassen zu können? Konzentrieren wir uns hierfür auf den Teil des Spektrums, in dem sich die penetranten Festhalter rumtreiben. Hier ist meine Antwort ein ganz klares Ja. Ich gehe sogar weiter und denke, dass es unsere Pflicht ist, uns gegen jene zu wehren, die uns rücksichtslos in die Vergangenheit zerren. Die eigene, wertvolle Lebenszeit mit Menschen zu verbringen, die selbst nichts in die Hand nehmen und uns permanent in die Vergangenheit reißen wollen, finde ich falsch. Dabei ist es irrelevant, ob es sich um positive oder negative Erinnerungen handelt. Wir sollten in beiden nicht verharren. Ich finde es wichtig anderen Menschen zu helfen jedoch nur bis zu einem gewissen Grad. Aber diejenigen, die niemals Hilfe annehmen und zusätzlich noch Kugeln abfeuern, darfst du meiden. Dich abzugrenzen ist wichtig. Ein gesunder Abstand über einen gewissen Zeitraum hinweg kann Wunder wirken. Sich zu wehren bedeutet natürlich nicht, auf der Ebene eines Festhalters zu kämpfen. Gemeint ist lediglich, dass du deine

Aufmerksamkeit und Energie lieber auf das Gute richtest und dich friedvoll von der übertriebenen Angstwelt voller Negativität entfernst. Nebenbei sei erwähnt, dass du vielen Menschen erst hilfst, sobald du aufhörst ihnen ständig zu helfen. Solange du nur als Therapeut, Projektionsfläche oder Lebensberater fungierst, veränderst du oft weniger als du glaubst. Mach dir deinen kostspieligen Helferkomplex bewusst und lass dich nicht mehr schonungslos benutzen. Das hört sich wieder hart an aber auch hier erwähne ich wiederholt, dass keiner mehr oder weniger wert ist als der andere und es sich bei solchem Verhalten in Wirklichkeit um kryptische Hilferufe handelt. Deine Vergangenheit loszulassen ist eine Wahl die du treffen musst und diese kannst du erst als solche erkennen, wenn dir bewusst wird, wer oder was dich eigentlich festhält. Möglicherweise wärst du eigentlich schon bereit für Veränderung. Es kann sein, dass alles in dir richtig ausgerichtet ist und nur noch der eine Schalter in Richtung Vergangenheit zeigt.

Bei mir war das genau so. Kennst du das, wenn du eine mathematische Aufgabe nicht lösen kannst, weil du sie grundlegend nicht verstehst, es nach ewig langem Grübeln aber plötzlich klick macht und dir die Lösung unerwartet in den Kopf schießt? Das passierte mir in Bezug auf die Frage, wie ich es schaffe, diesen Schalter umzulegen. Ich grübelte und grübelte und grübelte… Überall, in allen Ecken suchte ich nach der Lösung und als ich begann Festhalter zu erkennen, machte es klick. Ruckartig schärfte sich mein Fokus. Die Gedanken ordneten sich und die Lösung, die sich die ganze Zeit über direkt vor meiner Nase befand, wurde sichtbar. Pure Erleichterung machte sich breit.

"DEIN HERZ BEGINNT ZU SINGEN UND DER KOPF TROMMELT IM TAKT... WENN DER FESTHALTER DEN TANZ VERHINDERT, MEIDE DEN KONTAKT"

In meinem Fall handelte es sich um einen Freund, der aufgehört hat sich weiterzuentwickeln. Er kam zu jedem Treffen zu spät, zeigte keine Einsicht und verhielt sich, seinen engsten Mitmenschen gegenüber, sehr ignorant. Lange fiel mir das nicht so wirklich auf, weil ich ihn nicht anders kannte. Erst als es klick machte und ich auf einmal den Schalter begann zu sehen, verschwand der Nebel vor meinen Augen. Blitzartig tauchte eine Frage auf, die mir so nie in den Sinn gekommen wäre. Inwieweit würde sich mein Leben verändern, wenn ich den Kontakt tatsächlich abbreche? Diese eine Frage warf neue Fragen auf. Wie würde es sich wohl anfühlen, wenn ich generell keine Menschen mehr treffe, die mich bei einem Treffen an Ort und Stelle uninformiert warten lassen? Würde sich mein allgemeiner Gemütszustand ändern, wenn ich nicht mehr von Menschen umgeben bin, die bei jeder winzigen Veränderung eine Rechtfertigung verlangen? Könnte ich meinem friedvollen Grundwesen mehr Raum geben? Wenn ja, was würde das wiederum in Gang setzen? Würde ich mich allgemein freier und unbeschwerter fühlen, wenn ich keinen Kontakt zu jenen habe, die sich mit der Vergangenheit so stark identifizieren, dass sie meine Weiterentwicklung nicht dulden? Eine Kettenreaktion ging vonstatten und je mehr Fragen aufkamen desto deutlicher wurde mir meine verfangene Situation. Eine bereichernde Erkenntnis, denn ich wusste nun, was mich eigentlich davon abhält, den Schalter umzulegen. Ich entwickelte einen Weitblick der mir die Antworten auf alle Fragen lieferte. Ja, ich könnte meinem friedvollen Grundwesen mehr Raum zur Entfaltung bieten. Ja, es würde sich gut anfühlen, wenn ich mich für neue Dinge begeistern kann, ohne dafür Rechenschaft ablegen zu müssen. Ja, es gibt Menschen die mich respektieren und zum Treffen pünktlich kommen oder mich zumindest rechtzeitig informieren, wenn es sich versehentlich nicht ganz ausgeht. Der Weitblick sprach Klartext. Eine einzige Frage beschäftigte mich aber noch ein paar Monate lang. Ich fragte mich, ob ich überhaupt das Recht auf Kontaktabbruch habe. Ich schwankte zwischen „Ich lasse mich nicht mehr so behandeln, natürlich breche ich den Kontakt ab“ und „Naja, er hat ja viel Stress und außerdem kennen wir uns schon seit so vielen Jahren“. Schnell blickt man auf die Dinge zurück die man zusammen erlebt hat und wird stutzig. Aufgrund meiner Gutherzigkeit, war der zweite Gedanke stärker. Somit traf ich den ein oder anderen Festhalter weiterhin. Mein Weitblick blieb aber nicht unentdeckt. Meine Freunde spürten, dass sich etwas verändert hat. Wahrscheinlich strahlte ich eine gewisse Souveränität aus, weil mir der Wert meiner Lebenszeit deutlich wurde. Das hatte zur Folge, dass sich das Verhalten meiner Freunde veränderte. Sie kamen pünktlich und urteilten nicht mehr über meine neuen Sicht- und Lebensweisen. Sie sahen ein Treffen mit mir nicht mehr als selbstverständlich, sondern schätzten unsere gemeinsame Zeit wieder mehr. Für einen kurzen Moment genoß ich diesen Drive. Die positiven Dialoge über Lösungsansätze waren zwar schön aber die übliche Festhalter-Manier ließ nicht lange auf sich warten. Nach den ersten drei Monaten zählten Eigenverantwortung und Respekt wieder zu den Fremdwörtern. Wieder wurde mit denselben Ausreden argumentiert und das ohne jegliche Selbstreflexion. Einsicht gab es erneut keine, weil der Festhalter-Modus aktiviert war und die lächerlichen Gründe für das Verhalten als plausibel galten. In Diskussionen versuchte ich immer noch vorsichtig zu sein indem ich fragte, wie ich denn helfen könne aber das wurde mir typischerweise im Mund umgedreht. Meine sogenannten Freunde putzten sich ihre Schultern immer wieder ab und setzten alles daran, mit einer weißen Weste davonzukommen.

Die Bewusstmachung ihres Verhaltens war ihnen ein Gräuel. Sie wollten sich ihre ignorante Art lieber behalten, denn ohne ihr käme ihre Verantwortung zum Vorschein. Ein penetranter Festhalter setzt alles daran, nicht in den Spiegel schauen zu müssen. Das bekam ich mehrfach zu spüren und als die Waagschale auf der negativen Seite den Boden berührte, kam die einst zuletzt gestellte Frage wieder auf. Darf ich den Kontakt abbrechen? Diesmal kam die Frage nicht allein. Sie kam in Begleitung der Antwort. Ein klares Ja signalisierte mir die nötige Handlung, um mich zukünftig freier und entspannter zu fühlen. Die Festhalter von denen ich spreche, meldeten sich immer nur dann, wenn sie etwas von mir brauchten. Häufig diente ich nur als Abladefläche für Gejammer oder als Zuschauer für ihre langweiligen Seelenstriptease-Vorführungen. Dabei meine ich kein normales Gespräch bei dem es um Rat und das einfache Zuhören geht, sondern das gezielte Weitergeben von Sorgen und der darauffolgenden, abrupten Flucht. Quasi nach dem Motto „Keine Ahnung was dich aktuell so beschäftigt, darüber mache ich mir keine Gedanken. Aber hier nimm meine Trauer, Angst, Wut, Zorn und Besorgnis voll und ganz auf, damit ich unbeschwert und entlastet weiterziehen kann“. Ein Festhalter würde diesen Vorwurf sofort abwehren und für seine Unschuld 9995 Gründe aus dem Hut zaubern. Das kann er, weil er das schon lange macht und in den meisten Fällen nicht anders kennt. Aber eine Zaubershow verliert ihre Faszination, wenn die Tricks, welche auf der Showbühne stattfinden, bereits entlarvt wurden. Ich konnte also nicht anders, als den Kontakt zu kappen. Andernfalls hätte ich mich selbst verraten, weil ich die wurzellosen Ausreden der Festhalter entlarvt hatte. Mich mit diesem Wissen für die mühsame Aufrechterhaltung zu entscheiden würde zwangsläufig bedeuten, dass ich mich selbst nicht genug wertschätze. Da sich mein Selbstwertgefühl jedoch Schritt für Schritt zur gesunden Mitte hinbewegte, war es an der Zeit den Schalter umzulegen. Gedacht, gesagt, getan. Meinen Freunden machte ich das mittels ständiger Absagen klar. Je mehr ich sie meine Entschlossenheit spüren ließ, desto öfter meldeten sie sich plötzlich bei mir und drängten förmlich nach einem Treffen. In dieser Phase ist Konsequenz nötig. Ich behielt die Waagschale im Blick und gab nicht nach. Mit der Zeit war mein Bestreben deutlich und der Kontaktabbruch ein unausgesprochener Deal. Bei meinem ehemalig besten Freund sprach ich es direkt an. Ich legte die Karten auf den Tisch, sprach über das, was mich traurig macht und erläuterte meine Bereitschaft zur definitiven Veränderung durch das Loslassen meiner

Vergangenheit. Wie immer traf ich auf taube Ohren und daher brach ich den Kontakt ab: „Ok, es reicht. Lassen wir das. Ich wünsche dir das Beste und fokussiere mich ab sofort auf das Gute im Leben. Machs gut“. Im Gespräch erwähnte ich noch, dass er mir nichts schuldig ist. Ich finde das solltest du stets berücksichtigen. Denke nicht, dass dir irgendjemand etwas schuldet, was du benötigst, um die Vergangenheit loslassen zu können. Auch der penetranteste Festhalter hat nur solange Macht über dich, wie du sie ihm verleihst. Klar, eine aufrichtige Entschuldigung kann guttun. Eine offenherzige Beichte oder eine Wiedergutmachung in jeglicher Form auch aber radikal betrachtet, liegt es ausschließlich an dir, ob du deine Vergangenheit loslässt oder nicht. Auch das ist wieder eine gute Nachricht. Wenn es nur an dir selbst liegt, brauchst du niemand anderen, um erfolgreich loszulassen. Für ein entspannteres Leben kannst du dich diesbezüglich, unabhängig von den äußeren Umständen, entscheiden. Sicher gibt es Zeiten die für so ein Vorhaben ungünstiger erscheinen als andere. Wenn wir uns aber unsere kurze Lebenszeit wirklich vor Augen führen, erscheinen manch schwierige Entscheidungen gar nicht mehr so schwierig. Da kann sich die unmögliche Entscheidung schnurstracks in die einzig richtige verwandeln. Ich rate dir also, nichts zu verlangen. Keine Entschuldigung oder dergleichen. Loslassen

bedeutet, ohne Ansprüche an die Vergangenheit, voran zu schreiten. Alles andere wäre kein echtes Loslassen, sondern Schauspielerei. Erwarte nichts und mach deinen Kopf frei von solchen Vorstellungen.
Ja, du darfst den Kontakt abbrechen, wenn es wirklich schon deprimierend wird. Das allein sollte dir genug Antrieb verschaffen. Den Anblick der extrem unausgewogenen Waagschalte kannst du als Initialzündung deiner neuen Lebensphase verstehen. Sei neugierig und genieße sie. Sei dankbar für deine Klarwerdung und wisse, dass du neue Freunde haben wirst. Ja, du wirst neue Menschen kennenlernen. Nein, du wirst nicht ohne jegliche Kontakte verkümmern. Genau das Gegenteil wird sich erweisen. Du wirst Menschen in dein Leben ziehen, die dich wirklich wahrnehmen. Wenn du die guten Aspekte nicht nur anvisierst, sondern sie zusätzlich integrierst, verinnerlichst und authentisch lebst, ziehst du jene in dein Leben, die nach Glück und Freude streben. Du weißt mittlerweile warum das so ist, richtig? Ja genau, weil sich dein Leben immer deinem Lebensgefühl anpasst. Ein Kontaktabbruch kann den Abschluss eines schleppenden Lebenskapitels einleiten.

"ERSCHAFFE EIN UMFELD, DAS NICHT BEI JEDER KLEINIGKEIT UMFÄLLT"

Dein eigener Weg zeigt sich erst, wenn du ihn einfach gehst. Wenn du alles beim Alten lässt und nur dann handeln wollen würdest, wenn sich eine lupenreine Chance ohne Risiko ergibt, wirst du nicht glücklich. Der Weg des geringsten Widerstands führt dich überallhin aber niemals ans Ziel. Schließ ruhig mal die eine Tür, damit sich dir vier weitere öffnen können. Du darfst, kannst und solltest.

FAZIT

- Dein Umfeld wirkt auf dich & beeinflusst dein Lebensgefühl.

- Es prägt deine aktuellen Überzeugungen & nach diesen richtet sich dein alltägliches Leben aus.

- Umgib dich mit liebevollen Menschen, welche positiv denken, sich für deine Fortschritte freuen & bewusste Weiterentwicklung anstreben.

- Meide pessimistische Festhalter, die in der Vergangenheit verweilen & dich mit deiner gleichsetzen, weil sie es nicht anders können.

- Du darfst, kannst & sollst Energievampire meiden & den Kontakt abbrechen, wenn du & dein Geisteszustand darunter leiden.

- Hab‘ keine Angst danach allein zu sein, denn du wirst Menschen anziehen, die deinem Bewusstsein eher entsprechen & kompatiblere Freundschaften schließen.

- Verabschiede dich von Glaubenssätzen, die dich auf deinem Weg in die Freiheit zurückhalten & dir den Raum für deine individuelle Entfaltung nehmen.

4. Schritt: Die HHH-Methode

Als ich begriff, wie unwirksam es ist, mich an meiner Vergangenheit festzuhalten, musste ich lachen. Die Erkenntnis darüber, wieviel Energie ich in eine Sache investiere, die im augenblicklichen Moment in keinster Weise relevant sein muss, glich dem besten Witz, den ich bis dato gehört habe. Sich an die Vergangenheit zu klammern war bis dahin normal für mich aber seither ist es allenfalls lächerlich. Wenn ich mir vergangene Sorgen in Erinnerung rufe, kann ich kaum glauben, worüber ich mir den Kopf zerbrochen habe. Das Gefühl, welches ich dann dabei habe ähnelt jenem, welches auftritt, wenn ich mich in die frühe Pubertät zurückversetze. Im Alter von dreizehn war ich in einer Beziehung mit Jana. Ich war bis zum Himmel verliebt und allein die Vorstellung, ein Leben ohne ihr zu führen, machte mich todtraurig. In meinem Kopf spielten sich Horrorszenarien ab und ich war der festen Überzeugung, dass ich im Falle einer Trennung nie wieder glücklich sein kann. Nach 19 Monaten und 8 Tagen war es dann soweit. Wir trennten uns und gingen eigene Wege. Für mich war das sehr hart aber siehe da, die Welt ist nicht untergegangen. Ich lebe noch und bin sogar glücklich, was für eine Überraschung. Wer hätte das gedacht? Das kann ich dir beantworten. Die Erwachsenen in meinem Umfeld versuchten mich mit ihren Sprüchen zu trösten: „Sei nicht traurig. Du bist jung und wirst dich noch öfter verlieben, wirst schon sehen“ oder „Denk nicht so viel darüber nach, geh lieber Fußball spielen oder mach sonst irgendwas, das dir Spaß macht“. Kein einziger Trost war einleuchtend genug, um mir die Überzeugung des bevorstehenden Weltuntergangs zu nehmen. Jeglicher Rat provozierte mich, weil ich mich nicht verstanden fühlte. Einen Satz mache ich mir heute noch zunutze. Ehemals brachte er mir nichts aber heute sehr viel. Er kam von meinem Vater: „Du wirst sehen, eines Tages wirst du darüber lachen. Das verspreche ich dir“. Er hatte recht. Heute lache ich herzlich über das dramatische Gedankentheater meiner jugendlichen Version. Natürlich ging das Leben weiter. Verliebt habe ich mich auch wieder und irgendwann habe ich vergessen an Jana zu denken. Diese Optionen kamen damals nicht in Frage, weil mich meine dramatischen Emotionen überflutet haben. Das Kapitel mit Jana abzuschließen, um voran zu kommen, schien mir nicht ansatzweise plausibel, weil ich den Gefühls-Tsunami für die einzige Wahrheit hielt. Jeden Ratschlag entgegnete ich mit „Nein, bei mir ist das anders. Du verstehst das einfach nicht“. Ich dachte, dass mich niemand verstehen kann, wenn er sich nicht gerade im exakt gleichen Gefühlszustand befindet. Während ich diese Zeilen gerade schreibe, muss ich wieder schmunzeln. Rückblickend ist es wirklich unglaublich. Wie vorhin erwähnt, hilft mir der Satz meines Vaters auch heute noch. Er kommt mir in den Sinn, wenn es an der Zeit ist etwas oder jemanden loszulassen. Seine Aussage poppt auf, wenn sich ein neuer Lebenszyklus ankündigt. Je näher wir uns selbst sind desto eher spüren wir die kommende Entwicklung. Wir können intuitiv erahnen, in welche Richtung es ungefähr gehen wird und können uns dementsprechend mental vorbereiten. Hinterher nahm mir der Rat meines Vaters die Angst vor Veränderung. Anstelle der Angst wohnt heute die Zuversicht und diese möchte ich dir in Bezug auf das Loslassen deiner Vergangenheit näherbringen. Die HHH-Methode entstand also aus dem ursprünglichen „Hahaha", das in mir aufkam, als ich verstand wie lächerlich es ist, an der bremsenden Vergangenheit festzuhalten.

Wenn du dir eine bestimmte Sache genauer anschaust, sie danach nüchtern hinterfragst und anschließend entsprechend deines aktuellen Zieles handelst, wird dir das Loslassen der Vergangenheit leichter fallen. Im besten Fall offenbart sich dir die Lächerlichkeit in ihrer Reinstform.

Hinschauen

Eine unangenehme Vergangenheit spiegelt sich meistens in den Umständen deiner Gegenwart wieder. Wenn wir genauer hinschauen, werden wir vorrangig in unserem Verhalten fündig. Nichts geht spurlos an uns vorbei. Wir blenden vieles aus, um uns zu schützen und überhaupt können wir nur einen minimalen Bruchteil der Informationen, welche auf uns einprasseln, verarbeiten. Die Sprechart, das Konsumverhalten oder die zwischenmenschliche Interaktion sind von unseren Erlebnissen geprägt. Die Art wie wir aufwachsen fließt später in unsere Lebensstruktur mit ein. Das Verhalten im Erwachsenenalter wird eher selten wirklich hinterfragt. Dabei wäre es so wichtig sich selbst zu verstehen, damit man sich bewusst weiterentwickeln kann. Eher ist es so, dass das eigene Verhalten als normal verstanden und alles andere als seltsam oder gar widersinnig betrachtet wird. Das Urteil fällt oft im Vorhinein, weil die Beobachtung des eigenen Verhaltens ausbleibt und dies sonach keine weiteren Fragen zulässt. Die eigene Art wird als gegeben angesehen. Eigentlich ist sie das auch. Sie ist beziehungsweise wurde uns gegeben. Wir haben sie an- und übernommen. Das ist auch ok und wahrscheinlich notwendig, um sich auf diesem Planeten erstmal zurecht zu finden. Aber es kommt der

Zeitpunkt an dem es wichtig ist sich loszulösen. Die mitgegebene Weltsicht impliziert nämlich, dass die eigene Erforschung überflüssig ist. Dabei ist uns bekannt, dass die Weltanschauungen jener, die die Welt noch nicht angeschaut haben, am gefährlichsten ist. Es ist wichtig sich selbst zu verstehen. Wenn du tatsächlich etwas verändern möchtest, musst du hinschauen. Du solltest dich selbst beobachten. Wenn du dein eigenes Verhalten erkennst, kannst du es hinterfragen und anschließend, deinem Ziel entsprechend, handeln. Unzeitgemäßes Verhalten loszulassen bedeutet immer ein Stück deiner Vergangenheit loszulassen. Diese vergleiche ich manchmal mit einem Rucksack. Erkenne, dass du einen trägst. Er ist zwar unsichtbar aber du kannst die Last schon die ganze Zeit fühlen. Jetzt, wo du beginnst dich selbst zu beobachten, fällt er dir endlich auf. Du siehst ihn zum ersten Mal und legst ihn sofort ab, um einen Blick hinein zu werfen. Der Inhalt besteht aus verschiedensten Dingen. Es sind tausende und vieles davon kannst du nicht gleich zuordnen, weil nicht ganz klar ist, worum es sich dabei überhaupt handelt. Ein Wirrwarr der dich erstmal schockiert und zwar so sehr, dass du den Rucksack schleunigst schließt und ihn dir freiwillig wieder auf den Rücken schnallst. Du machst es dir zur Aufgabe weiter zu wandern aber deine Neugier klingelt. Du weißt nun von der Existenz des Rucksacks und hast sogar schon von seinem Inhalt

Notiz genommen. Die Abnahme des schweren Gepäcks war ein zwischenzeitlicher Ausflug. Er fühlte sich gut an und du warst ganz klar erleichtert. Da du das Reisen mit schwerem Rucksack jedoch gewohnt bist, möchtest du ihn nicht missen und somit nimmst du die schwere Last erneut wieder auf. Deine Neugier klingelt aber nicht nur einmal. Sie will wissen, was da gerade geschah. Warum fühlte sich das so gut an? Was genau fühlte sich eigentlich so gut an? Für einen kurzen Moment schien das Leben so leicht. Das Klingeln der Neugier wird lauter und wiederholt sich immer öfter. Hinzu kommt nun die Frage, ob du dieses schöne Gefühl der Erleichterung vielleicht noch einmal haben kannst. Du willst die Antwort erfahren und klug wie du bist, weißt du, dass du den Rucksack dafür erneut ablegen musst. Die anfängliche Euphorie ist gesunken und dein Blick daher glasklar. Du legst dein Gepäck ab, nimmst einen Teil des Inhalts heraus und beginnst ihn anzuschauen. Beim Durchstöbern fällt dir auf, dass einiges davon nicht dir gehören kann. Dir wird klar, dass du Dinge mit dir herumschleppst, welche dir nicht gehören und dich somit bremsen. Die schwere Last lässt dich langsamer reisen, als du eigentlich könntest. Ein Mix aus eigenen und jeder Menge fremder Ideen, Ängste, Sorgen, Schmerzen und Feindbilder springen dir entgegen. Alles Dinge, die du loslassen könntest, sobald du sie angeschaut und hinterfragt hast. Dinge, die dich in deiner

Vergangenheit heimlich gebremst haben. Unbemerkt kosteten sie dir viel Kraft. Du begutachtest den Inhalt weiter und findest Süchte, Enttäuschungen, traumatische Erlebnisse, Verletzungen, Fehler, traurige Lebensphasen und Verluste. Bei all dem weißt du noch nicht, was davon dir gehört. Was du aber weißt ist, dass du lange Zeit mit schwerem Gepäck gereist bist und das, ohne es zu bemerken. Der Rucksack repräsentiert deine Vergangenheit. Er existiert hier und jetzt also nicht wirklich. Du hältst dich an etwas fest, das es in diesem Moment nur in deinem Kopf gibt. Ja, du fühlst vielleicht Trauer, Angst, Wut, Groll und so weiter aber warum eigentlich? Zwingt dich jemand dazu? Wieso tust du dir das an? Oder ist es vielleicht eher so, dass dein Gepäcksinhalt auf dein Lebensgefühl wirkt und sich dein Leben genau danach ausrichtet? Wäre es an der Zeit den Inhalt zu inspizieren und auszusortieren? Ja, es ist an der Zeit und du weißt das in Wirklichkeit. Den Rucksack, der deine Vergangenheit verkörpert, gibt es nur in deiner Fantasie. Demnach ist das, was du nicht loslässt nur eine Idee. Gefühle einfach mal so, nebenbei abzuschütteln funktioniert natürlich nicht. Ich weiß aus eigener Erfahrung, dass diese Sichtweise das Loslassen nicht sofort leichter macht. In späterer Folge erweist sie sich als sehr hilfreich, versprochen. Du wirst den Rucksack nicht mehr tragen können, weil du wie bei einem Hologramm ins Leere fährst, wenn du danach greifst. Die Erinnerungen daran bleiben und verändern sich im Laufe der Zeit aber der Rucksack wird nicht mehr greifbar sein. Er existiert ausschließlich in deinem Kopf. Des Öfteren habe ich erlebt, dass Menschen auf diese Nachricht genervt reagieren. Manchen geht schnell ein Licht auf, andere brauchen etwas länger. Von jenen, die aber den Willen zur Veränderung ihrer Situtation aufbrachten, bekam ich im Nachhinein immer gutes Feedback. Einige von denen, die mit Groll reagierten, wendeten sich Jahre später an mich, um mir mitzuteilen, dass sie den Rucksack später erkannt und ad acta gelegt haben. Die Entdeckung des Hologramms ist also oft keine Soforthilfe aber sie kann als Samen dienen und langsam aber stetig zu einer Lichtblume heranwachsen, die den Raum etappenweise erhellt. Sie kann dir dabei helfen, einen Gang runter zu schalten. Gerne kannst du ein paar mal tief ein und ausatmen, wenn du den Rucksack schonmal abgelegt hast. Du kannst sowieso nur in deinem individuellen Tempo weiter voranschreiten, mach dir also keinen zusätzlichen Stress. Ich selbst gehörte zu den Menschen, welche die Entdeckung des Hologramms beziehungsweise die Chance zur Veränderung dahinter nicht sofort annehmen konnten. Mein Gepäck war kein Leichtes und den Inhalt zu durchwühlen, um ihn folglich auszumisten fiel mir sehr schwer. Auch bei mir war es ein Samen, der spät aber doch als

Lichtblume aufblühte. Ich verstehe dich also sehr gut, wenn du denkst, dass der Teil mit der Idee leicht gesagt ist. Sinngemäß dachte ich mir damals sowas wie: „Naja, da macht es sich jemand wohl sehr einfach". Meine Abwehrreaktion identifizierte die Aussage „Deine Vergangenheit existiert nur in deinem Kopf. Sie ist nichts als (d)eine Idee", als typische Verdrängungsmethode. Der Witz an der Sache ist, dass diese Aussage von demjenigen kam, dem ich am meisten vertraue. Jemand dessen Intuition immer richtig lag, wenn es um Entscheidungsfragen ging. Dieser Jemand war ich selbst. In jenen Tagen war ich dermaßen von meiner Vergangenheit geprägt, dass ich mich von ihr beeinflußen ließ. Unterbewusst wusste ich, dass sie in der Gegenwart nicht exisitert aber in mir wohnt eine starke Vorstellungskraft. Demnach war ich von der Idee meiner Vergangenheit vereinnahmt. Mehr als das, ich war begeistert und richtete mein komplettes Leben nach ihr aus. Trotzdem arbeitete der Gedanke „Deine Vergangenheit ist nur eine Idee" in mir. Das Festhalten wurde immer schwieriger und ich geriet langsam in Panik. Ich fragte mich, wer oder was wäre ich denn, ohne meiner Geschichte? Ich erzähle sie doch beinahe jedem, den ich kennenlerne und am häufigsten mir selbst. Was bedeutet es, die Vergangenheit loszulassen? Stürze ich dann ins Nichts und habe ich überhaupt das Recht dazu? Warum fühlt es sich falsch an? Wie begegne ich Menschen, die mich ebenfalls mit meiner Vergangenheit gleichsetzen, sobald ich losgelassen und mich verändert habe? Der Inhalt meines Rucksacks war voll mit motivierten Fragen, die hinausspringen wollten, um endlich nach ihren Antworten suchen zu können. Ich hielt sie solange ich konnte zurück, schnürte den Rucksack fest zu und schleppte ihn mühsam weiter mit mir rum. Jahrzehnte trug ich ihn ohne es zu wissen aber nachdem ich ihn entdeckte, wurde das Rumgeschleppe zum Ärgernis. Meine Kraft schwindete allmählich und ich stellte mir eine entscheidende Frage: „Was mache ich da eigentlich“? Es war so umständlich und dennoch tat ich mir das an. Ich hätte den Rucksack einfach ablegen und erleichtert weiterreisen können. Ich hatte das Gefühl, dass es so sein sollte aber die Idee von meiner Vergangenheit war hartnäckig. Sie hat sich in meinem Kopf festgesetzt und war entschlossen da zu bleiben. Mein Gefühl wurde jedoch zum Wunsch und dieser formte sich zum Ziel. Dank meiner Beharrlichkeit schaffte ich es dann den Rucksack, also die Idee meiner Vergangenheit, abzunehmen und den Inhalt herauszunehmen. Was ich zu sehen bekam war ein bunter Mix aus allem und das wird es auch bei dir sein. Um ausmisten zu können, musst du hinschauen. Ganz gleich wie bunt, verworren und kompliziert sich der Inhalt zeigt, schau hin. Du kannst dir anschauen wie und wo du aufgewachsen bist und dich fragen, ob und wenn ja, wie sich das auf dich und deine persönliche Entwicklung ausgewirkt hat. Schau dir deine Schulzeit an und versuche zu eruieren, inwiefern sie dich langzeitlich geprägt hat. Wirf einen differenzierteren Blick auf deine vergangenen Liebesbeziehungen. Wie hast du dich verhalten? Wie wurdest du behandelt? Schau dir auch deine Kindheit nicht nur oberflächlich an. Wie wurdest du erzogen? Welche Wertvorstellungen haben dich begleitet? Welche deiner Verhaltensweisen erinnern dich an deine Erziehungsberechtigten? Was hat dich in der Vergangenheit eigentlich so richtig glücklich gemacht? Welche Menschen hast du damals bewundert und wieso? Wovon warst du schon immer abgeneigt? Wie bist du eigentlich zu den Hobbys gekommen, denen du heute nachgehst? Kann es sein, dass Aspekte deines Verhaltens einer lang vergangenen Verletzung geschuldet sind? Wenn nicht, frag dich noch einmal. Wenn wieder nicht, frag dich wieder noch einmal……

Der bunte Mix aus allem kann Bilder recht gut verhüllen. Forsche daher eifrig und stelle eine Frage immer wieder, auch wenn du denkst die richtige Antwort bereits zu kennen. Wühlt dich eine Frage zu sehr auf, verschiebe sie auf den nächsten Tag. Wenn du eine Woche oder einen Monat später nochmal fragst, ist dir auch keiner böse. Was sind ein paar Tage gegen all die Jahre der Rumschlepperei? Das Hinschauen leitet den nächsten Schritt ein. Hab

Vertrauen, sei zuversichtlich und lass dich nicht einschüchtern. Wenn du konstant, in deinem Tempo agierst, hast du in Wahrheit nichts zu befürchten.

"WER IN DER VERGANGENHEIT LEBT, IST IN DER GEGENWART TOD"

Hinterfragen

Bevor du aktiv Handeln kannst, solltest du beginnen zu hinterfragen. Du hast bereits hingeschaut und den Inhalt deines Rucksacks begutachtet. Er liegt nun, schön aufgeschlichtet, vor dir, sodass das Ausmisten losgehen kann. Interessanterweise gehört einiges davon gar nicht dir. Du hast lange Zeit Dinge getragen, die eigentlich in einen anderen Rucksack gehören. Das wird dir jetzt klar, weil du damit beginnst den Inhalt zu hinterfragen. Beim Aussortieren gibt sich einiges davon als Auslöser für deine Angeschlagenheit zu erkennen. Das Mitschleppen deiner Vergangenheit macht dich müde und träge. Vorallem, wenn du mehr trägst, als du eigentlich bräuchtest. Bislang war es absolut ok für dich. Du hast es hingenommen und kamst nicht auf die Idee, dass der Grund für deine Rückwärtsgewandheit ausfindig gemacht werden könnte. Das ist auch logisch, weil du deine Rückwärtsgewandheit erst gar nicht als solche wahrgenommen hast. Die Idee deiner Vergangenheit war für dich real. In gewisser Weise hast du dir mit der Erschaffung dieser Idee einen künstlichen Teil deiner Realität geschmiedet. Einen Teil der vielleicht kurz von Relevanz sein sollte oder könnte aber ursprünglich nicht für die Dauerverwendung gedacht war. Trauer ist hier ein gutes Stichwort. Es ist natürlich gut und sogar sehr wichtig, trauern zu können. Ein schwerwiegender

Verlust kann einen kurzzeitig aus der Bahn werfen. Das ist verständlich und ok aber aus Erfahrung weißt du wahrscheinlich auch, dass wir irgendwann wieder in unsere Kraft zurückkommen müssen. Das ist wichtig, damit wir nicht vergessen unser Leben zu leben. Es soll nicht an uns vorbeiziehen, denn dafür wäre es viel zu schade. Das passiert aber, wenn wir mit der Vergangenheit beziehungsweise den Gefühlen, welche wir damit verbinden, verschmelzen. Zwischen dem echten Leben im Jetzt und dem erschaffenen Gefühlszustand der Vergangenheit zu unterscheiden, scheint uns manchmal schier unmöglich. Gerade, wenn wir zu lange trauern ist das der Fall. Das kann beim Verlust eines geliebten Menschen oder anderen Rückschlägen sein. Für einen privaten Fitnessklub habe ich mal an der Bar gearbeitet und mich dabei gelegentlich mit den Kunden unterhalten. An einen Stammgast denke ich heute noch. Reinhard zirka 50 Jahre jung, körperlich topfit und immer weiß gekleidet. Jedes Mal bestellte er einen Eiweißshake und einen Espresso, welchen ich stets, auf seinen Wunsch hin, dazumischte. Er war immer höflich und sehr kommunikativ. Er sprach viel über seinen Job als IT-Techniker und erzählte von seinen aktuellen Fortschritten am Laufband. Die waren ganz wichtig, weil er immer wieder an bekannten Marathons teilnahm. Auf seinem Handy präsentierte er mir Fotos von seiner Wand im Vorraum, die mit Medaillen,

Pokalen und schriftichen Auszeichnungen geschmückt war. Trotz all seiner Höflichkeit war er beim Personal ein bisschen gefürchtet. Wir stritten uns auf lustige Art darüber, wer Reinhard bedienen muss. Seine Sympathie war nicht von der Hand zu weisen, unsere Furcht jedoch wie folgt begründet: Er sprach in neun von zehn Fällen von seinem Marathon aus dem Jahr 2011. Wobei „erzählen" ja noch schön klingt. Suddern oder jammern trifft es wohl eher. Damals machte er den zweiten Platz und das verkraftet er bis heute nicht. Er erzählte jedes Mal davon, dass er damals mehr trainieren hätte sollen. Er hätte die Ziellinie bestimmt als Erster übertreten, wenn er sich besser ernährt und im Vorfeld mehr geübt hätte. Bei diesem Teil seiner Erzählung starrte er immer in sein Glas. Mit der einen Hand rührte er seinen Shake in Zeitlupe und gegen den Uhrzeigersinn um, mit der anderen stützte er seinen Kopf, damit er nicht mit einer durstigen Orchidee verwechselt wird. Als ich noch relativ neu im Team war, ging ich noch darauf ein und versuchte die richtigen Worte für Reinhard zu finden. Nach ein paar Monaten und ständiger Wiederholung seinerseits wusste ich, dass kein Wort der Welt helfen kann, weil er sich entschlossen an seiner Vergangenheit festkrallt. Er war sechsmal die Woche da und mit jedem Gespräch erhielt ich einen tieferen Einblick in sein Leben. Dadurch verstand ich einmal mehr, wie wichtig es ist, sich von der Vergangenheit loszulösen. Bei

Reinhard formte das Festhalten daran seinen gegenwärtigen Alltag. Dieser war mit viel Stress und sehr wenig Ruhezeit verbunden. Entsprechend war sein Lebensgefühl. Seit seiner traurigen Zweitplatzierung in der Vergangenheit trainiert er heute sechs Tage in der Woche. Sein Wecker läutet von Montag bis Freitag um 5 Uhr in der Früh. Danach geht es für zwanzig Minuten aufs Laufband im Wohnzimmer, kurz unter die Dusche, hinein ins Gewand und ab ins Büro – mit dem Fahrrad.
Nach Absprache mit seinem Vorgesetzten schulte er seine Arbeitskollegen, damit die Anzahl der Aufträge und somit der Umsatz der Firma steigt. Dafür verdiente er ein bisschen mehr als die meisten Mitarbeiter. Im Fitnessklub kam er meistens zwischen 15 und 17 Uhr an. Er kam direkt vom Büro und sprach davon, sich ohne all dem Stress leer zu fühlen. Er prahlte damit und bemerkte nicht, wie hilflos er dabei wirkte. Sein übertriebener Taten- und Leistungsdrang peitschte ihn offensichtlich durchs Leben. Jeder, der mit Reinhard öfter als einmal ins Gespräch kam, bemerkte das zwangsläufig. Zwei Partnerschaften, die wegen diesem Lebensstil in die Brüche gingen, nahm er schulterzuckend hin. Seine Ernährung war strikt geplant und vielmehr Zweck, als Genuss. Er trank seinen Shake mit dem dazugemischten Espresso und schluckte dabei immer irgendwelche Pillen. Von meiner damaligen Kollegin erfuhr ich dann, dass er

breites einen Herzinfarkt überlebt hat. Zu dieser Zeit war er in einer Beziehung mit einer Frau, die ihn in allen Bereichen unterstützte, nach seiner vollen Genesung jedoch ein Ultimatum stellte. Dass er den Sport nicht lassen kann wusste sie, daher forderte sie ihn dazu auf, seine sportlichen Aktivitäten wenigstens auf ein gesundes Minimum zu beschränken, andernfalls würde sie ihn verlassen. Reinhard schaltete drei Gänge runter und nahm sich ihre Worte zu Herzen – im wahrsten Sinne. In der Zeit danach steigerte er seine Aktivitäten aber wieder schrittweise und so kam es, dass er nach einem halben Jahr sogar mehr trainierte, als vor seinem Herzinfarkt. Abhalten konnte ihn dann niemand mehr, denn ab hier sprintete er fortan als Single durch die Welt. Einer meiner Kollegen erzählte mir dann welche Pillen sich Reinhard da gelegentlich einwirft. Es waren illegale Brainbooster aus dem Ausland, auch Smartpills genannt. Sie dienten zur enormen Steigerung der kognitiven Leistungsfähigkeit und zur starken Verkürzung von Schlaf- und Regenerationsphasen. Das Bild, welches ich von Reinhard bis dato hatte, rundete sich ab und mir wurde klar, wieviel Einfluss die längst vergangene Zweitplatzierung auf seinen gesamten Lebensalltag hatte. Bei einem Gespräch an der Bar stellte ich ihm eine Frage: „Wie würde dein Alltag heute aussehen, wenn du im Jahr 2011 den ersten Platz belegt hättest“? Reinhard überlegte nicht lange: „Vielleicht wäre ich jetzt glücklich vergeben aber ansonsten wäre mein Alltag wahrscheinlich derselbe“. Ich war verblüfft. Keine Anzeichen von Sarkasmus, nicht der Hauch von Ironie und das in einer Selbstverständlichkeit, als ob es sich bei dieser Antwort einzig und allein um die nackte Wahrheit handelte. Ich rechnete mit sowas wie: „Mein Ziel war es, den ersten Platz zu belegen, um mich danach auf andere Dinge zu konzentrieren. Ich hätte wahrscheinlich keinen Herzinfarkt bekommen, und wäre noch in einer glücklichen Beziehung. Vielleicht hätte ich mich nie nach illegalen Pillen umgesehn und würde generell entspannter sein“. Meine Erwartung traf nicht ein und ich war baff. Für meine Kollegen, mich und vermutlich alle anderen, die Reinhard‘s Geschichte kennen, war vollkommen klar, dass ihn seine Vergangenheit total unter Kontrolle hat. Sie hätte ihn fast umgebracht. Für uns war das offensichtlich, für ihn nicht annähernd fassbar. Er erkannte keinen Zusammenhang zwischen seiner Zweitplatzierung und all dem Chaos in seiner gegenwärtigen Realität. Seiner Ansicht nach resultierte das komplette Wirrwarr nicht aus der vergangenen „Niederlage“. Nein, er nahm das stressige Herumirren nicht wahr. Das gab er mir in weiteren Gesprächen zu verstehen. Für mich war die Sache eindeutig. Er erinnerte mich immer an so eine Kugel in einem Flipperautomat. Reinhard war voll mit klebrigen Fäden und versuchte sich zu befreien, indem er hysterisch davon sprintet und sich in haufenweise Arbeit vergräbt. Der Auslöser für sein Verhalten, welches sogar einen Herzinfarkt herbeiführte, war der zweite Platz bei einem Marathon im Jahr 2011. Unglaublich oder? Soweit und noch weiter kann eine Kleinigkeit aus der Vergangenheit unser Leben im Jetzt beeinflussen. Gut, für Reinhard war es definitiv keine Kleinigkeit, sondern eine höchstrelevante Sache. Aber es gibt Menschen, die in ihrer Kindheit vergewaltigt wurden und heute besser damit umgehen, als Reinhard mit seiner damaligen Zweitplatzierung bei einem Marathon. Manche müssen mit der Ermordung eines geliebten Verwandten oder mit hohen Verlusten ihrer Existenz klarkommen. Andere werden geschlagen, misshandelt, auf übelste Weise betrogen und stehen nun vor der Aufgabe all das loszulassen. Ich bin sicher, solche Menschen würden ihre Schicksalsschläge liebend gerne mit Reinhard's Zweitplatzierung tauschen. Ich bin der Meinung, dass wir nicht entscheiden sollten, wie jemand etwas zu verarbeiten hat. Wenn Reinhard seine Zweitplatzierung als starke Verletzung erlebt, dann ist das so. Ich beschwichtige das nicht, bestimme nicht wie er zu trauern und damit umzugehen hat. Das Ausmaß seiner Gefühle kann ich ihm nicht absprechen, weil er sie ganzheitlich erlebt. Lediglich der Kontrast ist so stark, dass ich ihn erwähnt haben möchte. An die gerade erwähnten Schicksale dachte ich, wenn Reinhard seine Hoffnunsglosigkeit ausstrahlte. Sicher wirkt das eine für uns schlimmer als das andere aber im Grunde geht es in allen Fällen darum, die Vergangenheit loszulassen. Was auch immer passiert ist, ist passiert. Es existiert nur noch in unserem Kopf und sobald wir das wirklich begreifen, können wir die HHH-Methode anwenden. Mir ist wichtig, dass du mich richtig verstehst. Falls du Opfer eines grausamen Verbrechens warst, dann ist das keinesfalls mit einer Zweitplatzierung bei einem Wettbewerb gleichzusetzen. Was den qualvollen Weg danach betrifft unterscheiden sich diese Erlebnisse enorm. Jemand der selbst nicht betroffen ist kann sich das Leid wahrscheinlich nicht annähernd ausmalen. Meine Aussage meint lediglich, dass das qualvolle Geschehen in der Vergangenheit liegt. Ich maße es mir in keinster Weise an, das individuelle Schmerzempfinden milder zu sprechen. Sowohl psychisch als auch physisch können die Folgen einer Traumatisierung auch noch Jahre später präsent sein. Hier und da kann ein schöner Spruch Mut und Kraft spenden aber ich denke, dass niemand das Recht darauf hat, einem Betroffenen seinen Schmerz abzusprechen beziehungsweise diesen zu verharmlosen. Kehren wir nun zur geadanklichen Auseinandersetzung mit Reinhard's Gepäck zurück. Nehmen wir einmal an, Reinhard entdeckt den Rucksack, leert ihn aus, sortiert ihn anschließend und bemerkt, dass sein Alltag einige, ungesunde Aspekte mit sich bringt. Nehmen wir auch an, dass er einsichtig ist und die Ernsthaftigkeit seines Verhaltens mit glasklarem Blick wahrnimmt. Folglich käme er automatisch zum Hinterfragen. Er würde sich fragen, wieso er eigentlich solche Pillen schluckt. Er wird sich nicht mit der Antwort der Leistungssteigerung zufriedengeben, sondern wissen wollen, warum er seine Leistung überhaupt so immens steigern möchte. Was ist der wahre Grund dafür? Warum will er das? Wo hat dieser Wunsch seinen wahren Ursprung? Vielleicht käme er darauf, dass ihm sein sportbegeisterter Vater immer nur dann Beachtung und Liebe in Form von Lob zukommen ließ, wenn er schulische Hochleistung vorweisen konnte. Möglicherweise hätte er plötzlich eine Erinnerung aus der Kindheit, in der er für seine mittelmässigen Wettbewerbs-Platzierung verspottet wurde. Für Reinhard war eine strikte Ernährungsweise normal. In seinem Espresso durfte nicht die geringste Spur von Zucker sein. Sich gesund und bewusst zu ernähren sollte jedem ein Bedürfniss sein. Das ist klar aber spätestens, wenn es solche Ausmaße annimt sollte genauer hingeschaut und hinterfragt werden. In Reinhard‘s Familie sind väterlicherseits fast alle übergewichtig, rauchen Zigaretten, schauen in den Fernseher und sterben, wie die Vorgänger, an einem Herzinfarkt. Ich weiß es nicht aber es könnte sein, dass sich Reinhard, im Glauben das Richtige zu machen, für das gegenteilige Extrem entschieden hat. Beide Seiten laufen Gefahr an einem Herzinfarkt zu sterben, das hat er zweifelsfrei bewiesen. Zumindest uns, denn er selbst kann oder möchte den Zusammenhang (noch) nicht sehen.

Spinnen wir den Gedanken weiter. Beim Betrachten des Inhalts von seinem Gepäck, springt ihm auch der berufliche Alltag entgegen und er beginnt seinen Einsatz für die Firma zu hinterfragen. Er versteht, dass er sich und einen Großteil seiner Lebenszeit für eine Firma einsetzt, die ihm selbst nicht einmal zum Teil gehört. Er hält Vorträge, gibt Schulungen und gibt sich mit einem Gehalt zufrieden, welches seinen Leistungen nicht annähernd entspricht. Zwangsläufig fragt er sich also auch hier, warum er das eigentlich macht. Warum verschwendet er seine Lebenszeit und all seine Energie dermaßen? Wo ist hier die Wurzel für dieses Verhalten? Vielleicht ist es eine einzige Aussage die seine Mutter unbedacht tätigte, als er mit 16 Jahren sein allerserstes Vorstellungsgespräch hatte: „Seien wir uns ehrlich. Unsere Familie ist nicht für Erfolg gemacht und das wird immer so bleiben". Möglicherweise entstand der Drang nach ständigem Wachstum und dem damit einhergehenden Umsatz, in seiner ersten Liebesbeziehung. Seine damalige Partnerin wiederholte, wie ein hängengebliebenes

Tonband, dass ihr Partner etwas zu bieten haben und im Beruf unbedingt erfolgreich und angesehen sein müsse. Das könnte der Grund oder zumindest ein Teil davon sein. Meistens sind es doch mehrere Puzzle-Stücke, die sich über Jahre hinweg anhäufen und zu etwas Größerem heranwachsen. Oder schuftet Reinhard heute nur so verbissen, weil er in Kindestagen viel Zeit vor dem Fernseher verbrachte, welcher ihm ein schönes Leben durch falsche Werte und Zielvorgaben suggerierte? Antwortmöglichkeiten gibt es viele und wenn wir unsere Vergangenheit wirklich loslassen wollen, liegt es an uns. Hinterfrage also alles, vorallem aber dich und deine aktuellen Lebens- und Verhaltensweisen. Wie gestaltet sich dein Alltag? Wann bist du wirklich glücklich und fühlst dich geistig unbeschwert? Wann trifft das Gegenteil zu? An welchen Tagen? Zu welcher Zeit? An welchen Orten? Zur Veranschaulichung gebe ich dir ein kurzes Beispiel von mir selbst. Zwei Jahre lang war ich ungefähr jeden zweiten Tag traurig. Zur damaligen Zeit knockte mich eine heftige schmerzhafte Trennung förmlich aus. Da ich diese aber nach einiger Zeit so halbwegs verkraftete und mich wieder fing, ging ich nicht von einem Zusammenhang aus. Es dauerte kein Jahr und ich schlenderte in die nächste Beziehung. Meine Traurigkeit setzte dennoch immer wieder ein und mir fiel auf, dass das Zeitfenster, in der sie auftrat, immer das gleiche war. Mindestens dreimal in der

Woche wurde ich zirka zwischen 17 und 20 Uhr von einer Traurigkeits-Welle überschwemmt. Ich begann mich selbst zu beobachten und versuchte den Ursprung zu erkunden. Zwei ganze Jahre dauerte es, bis ich mir die Antwort auf meine Frage selbst geben konnte. Beim Hinterfragen wurde mir klar, dass die damalige Trennung an einem sommerlichen Tag im besagten Zeitraum stattfand. In diesem Zeitfenster geschah der Übergang vom Tag zum Abend und der Himmel dämmerte dementsprechend. Die Traurigkeit fühlte ich also immer dann, wenn die Dämmerung aufkam. Früher habe ich das Farbenspiel genossen aber seit der Trennung stimmte es mich traurig. Ich assoziierte die Dämmerung unterbewusst mit dem Moment, in der die Trennung stattfand. Das Schöne ist, dass ich nun verstand wieso ich mich fühle, wie ich mich fühle. Mit dieser Erkenntnis war es mir möglich diesen Zustand loszulassen. Drei Wochentage reduzierten sich auf zwei, wurden danach zu einem und verschwanden allmählich endgültig. Ich habe es geschafft diesen Teil der Trauer loszulassen. Dank dem Hinterfragen genieße ich das Spektakel der Dämmerung wieder uneingeschränkt und sogar bewusster als je zuvor. Es gibt also sehr wohl Signale, die unsere Stimmung aus dem Unterbewusstsein heraus deligieren. Automatisierte Abläufe, die uns ruckartig in verschiedenste Gefühlszustände versetzen können, wenn wir sie nicht anschauen und hinterfragen. Diese

Abläufe sind Überbleibsel, welche wir schleunigst erkennen sollten, damit wir etwas verändern können. Sie loszulassen bedeutet gleichzeitig ein Stück unserer Vergangenheit ruhen zu lassen während wir zeitgleich Freiheit erlangen. Wenn wir das schaffen, fällt uns die Differenzierung zwischen dem alten und dem neuen Leben leichter. Du bist nicht deine Vergangenheit, auch nicht, wenn dich Gefühle von gestern, noch an den damaligen Schmerz erinnern wollen. Fühle sie solange es nötig und wichtig für dich ist. Erkenne aber auch, wenn es genug ist und die Zeit reif ist loszulassen. Du musst ausfühlen, um weiterwandern zu können, wirst aber aufgehalten, wenn du dich an Überbleibsel klammerst. Es ist demnach von großer Bedeutung sie erstmal wahrzunehmen, um sie in Ruhe hinterfragen zu können. Die Lupe muss zum Einsatz kommen, damit du dich, deine Verhaltensweisen, deine Gewohnheiten und deinen aktuellen Lebensalltag besser verstehst. Ich verbrachte einst fast einen kompletten Sommer mit einer guten Freundin. Anna übernachtete bei mir, wir kochten gemeinsam, besuchten Museen, lachten uns im Kino halb tot, spazierten durch Wälder und philosophierten über alles und nichts. An einem der ersten Sommertage fuhren wir mit dem Fahrrad zum Einkaufen. Es war am Abend, tagsüber waren wir bereits sportlich aktiv und dadurch schon etwas müde. Wir waren gut gelaunt, hatten eine Menge Spaß und das Gefühl von Freiheit war unser willkommener Begleiter. Als wir das Shopping-Center verließen, um uns auf den Weg zu unseren Fahrrädern zu machen, hielten wir vor einem Zebrastreifen an. Die Ampel leuchtete rot und für einen kurzen Moment war die gesamte Umgebung um uns herum still. Nach etwa 20 sekundenlanger Stille sah mich Anna an und sagte: „Warum bin ich heute so glücklich? Irgendwas ist heute anders aber ich weiß nicht was“. Ich fragte sie, wie sie das meint und sie antwortete nach kurzer Überlegung: „Ich kann es schlecht in Worte fassen aber ich fühle mich so leicht, als ob sich die Welt gerade ganz anders, irgendwie neu und viel fröhlicher zeigt als sonst“. Ich stellte weiterhin ein paar offene Fragen, um Anna‘s Selbstreflexion in Schwung zu bringen. Sie hinterfragte ihre Freude und versuchte den Grund dafür zu finden. Langsam kam sie dahinter und so schilderte sie, dass sie gerade zum ersten Mal seit sehr langer Zeit einen strukturierten Tagesablauf hat. Wir standen zeitig auf und frühstückten Übernacht-Haferflocken, welche wir uns am Vorabend gemeinsam zubereitet hatten. Zu Mittag packten wir unsere Badesachen und fuhren ins Schwimmbad. Am Weg dahin machten wir uns aus, was wir am Abend kochen und für die Beschaffung der Zutaten machten wir uns dann mit den Fahrrädern auf den Weg zum Shopping-Center. Anna fiel das Ausbleiben von pessimistischen Gedanken und entsprechenden

Dialogen auf. Es schien als ob ihr ein Licht aufging. Ich fragte sie: „Kann es sein, dass du einfach vergessen hast ein Drama zu erschaffen?“ und fuhr gleich fort: „Ich denke, du nimmst das Leben heute ausnahmsweise einmal so wahr, wie es ist“.

Anna war erstaunt: „Ja, das ist richtig. Meine Mutter und ich sagen immer, dass wir zwei kleine Dramaqueens sind. Bisher empfand ich das eher lustig aber jetzt wird mir die Auswirkung davon erst bewusst“. Ich war überrascht und sogar ein bisschen schockiert, weil ich mich die Jahre zuvor bereits mit der aktiven Lebensgestaltung mit Hilfe von mehr Bewusstheit im Alltag beschäftigt habe. Die HHH-Methode wendete ich schon lange und erfolgreich an. Mir ging es blendend und mein Lebensalltag war grundsätzlich schön, weil ich mich dafür entschieden habe. Anna erinnerte mich wieder daran, dass zahlreiche Menschen noch nicht von ihrem Mitspracherecht gebrauch machen, geschweige denn davon wissen. Der Tag, an dem wir an der Kreuzung standen, war Anna‘s Weckruf. Ihre Euphorie war zu spüren und ich fragte sie: „Kann es sein, dass du gerade ausschließlich im Hier und Jetzt bist“? Sie bejahte, lächelte ein wenig verblüfft und erklärte mir, dass sie quasi vergessen hat ein Drama zu erschaffen. Sie hat es einfach vergessen. Ihr Fokus war auf das Jetzt, auf den augenblicklichen Moment gerichtet, sie genoss das Essen, die Dialoge, das Schwimmen und das Einkaufen, ohne dabei an die Vergangenheit (oder an die Zukunft) zu denken. Normalerweise verbringt sie den Großteil der Woche mit ihrer Mutter. Ein paar Tage einfach keinen Kontakt zu haben, war ungewöhnlich für sie. So schlicht es auch klingt, entspricht es der Wahrheit. Für ein paar Stunden hat Anna einfach vergessen an ihre Geschichte zu denken. Das führte zu weiteren Fragen und setzte einen fortlaufenden Prozess in Gang wodurch sich Anna von den klebrigen Fäden ihrer Vergangenheit trennen konnte. Ja, zuerst kamen Fragen auf, die sie nicht gleich beantworten konnte. Unangenehme Fragen, die einem suggerieren, dass es wohl besser wäre, das alte Leben wie gewohnt weiter zu leben. Der Weg des geringsten Widerstandes ist aber auch hier nicht der gesündeste. Der nötige Wille zum Loslassen war bei Anna definitiv gegeben und somit war jede fordernde Frage vorerst ok. Sie blieb konstant auch wenn sie zu Beginn mit Fragen konfrontiert wurde, die ihr Angst machten. Fragen bei denen sie das Gefühl hatte, andere Menschen zu verraten. Beispielsweise jene Frage, ob sie tatsächlich eine Dramaqueen ist. Es dauerte ziemlich lange bis Anna sich selbst zugestehen konnte, dass das stetige Erschaffen von Dramen eigentlich keine Eigenschaft ist, die sie von Natur aus mitbringt. Schuldgefühle überkamen sie in den ersten Monaten nach diesem Gedankengang. Nachdem sie endgültig verstand, dass dieses Verhalten von ihrer Mutter kopiert und selbstverständlich gelebt wurde, war sie nicht sicher, ob sie eine Verräterin ist, wenn sie nun einfach damit aufhört. Ein, auf allen Ebenen, gesundes und glückliches Leben voller Freude und Gesundheit erlaubte sie sich nicht sofort. Wer jedoch schon erfahren hat, wie sich das ganzheitliche Leben eigentlich anfühlen kann, braucht nicht mehr lange, um sich gegen seine unberechtigten Schuldgefühle zu entscheiden. Klebrige Fäden sind nicht nur unnütz, sondern grauslich. Die Erkundung des eigenen Seins ist viel zu spannend als dass man sie ignoriert. Sich selbst neu und unvoreingenommen kennen zu lernen macht Spaß! Laut eigenen Aussagen scheut Anna Schwimmbäder eigentlich. Zumindest ging sie bis dato davon aus. Auf die Frage weshalb sie Schwimmbädern gegenüber so abgeneigt ist, meinte sie, dass das eigentlich die Meinung ihrer Mutter sei, welche sie in Kindheitstagen unreflektiert übernahm. Sie fügte hinzu, dass sie das Schwimmen in den natürlichen Gewässern immer noch bevorzugt. In der Natur fühlt sie sich gänzlich wohler. Trotzdem gestand sie, dass ihr der Besuch des Bades reichlich Spaß gemacht hat. Des Weiteren steigerte sich ihr Selbstwertgefühl enorm. In allen Bereichen gaben sich Gewohnheiten zu erkennen, welche sich heimlich eingeschlichen und ununterbrochen auf ihren Gemütszustand eingewirkt haben. Das klingt im ersten Moment vielleicht witzig, aber statt dem billigsten Sack Karotten, gönnte sich Anna nun den frischeren, der um ein paar Cent mehr kostet. Sie lernte sich selbst zu lieben und fühlte sich nicht mehr schuldig, wenn sie sich selbst auch mal was gönnte. Beim Hinterfragen wurde ihr bewusst, dass sie sich nicht um das Wohl aller anderen kümmern muss. Anna war motiviert und beanspruchte ihr Recht auf ein schönes Leben voller Glück und Freude. Bislang war sie eher in der Mutterrolle gefangen. Sie bemutterte ihre eigene Mutter und legte die Rolle als Tochter bereits sehr früh ab. Dies führte in ihrer Jugend zur totalen Überforderung weshalb für sie damals nur eine einzige Ausweichmöglichkeit in Frage kam.

Sie funktionierte quasi nahezu perfekt, um es der Mutter so leicht wie möglich zu machen. Sich selbst hat sie dabei verdrängt. Sie flüchtete sich somit in den Konsum von Drogen und verbrachte viele Stunden in der Partyszene. Nur so fühlte sie sich frei und unabhängig. Dies war ein Grundproblem, welches sie in aller Härte hinterfragte. Bei der Analyse entwickelte sich ein starker Drang zum Handeln. Diesem wurde auch rigoros nachgegeben.

Handeln

Sogar ihren jahrelangen Drogenkonsum stellte sie innerhalb weniger Wochen komplett ein, weil Anna sich schlicht dafür entschieden hatte. Die ersten härteren Drogen bekam sie sogar von ihrer eigenen Mutter und somit wurde auch hier deutlich, dass das Konsumieren eine imitierte Verhaltensweise ist, welche nichts mit dem normalen, gesunden und ausgeglichenen Leben im Hier und Jetzt zu tun haben kann. Als Nichtvolljährige schien ihr das Hinterfragen nicht angebracht, weil der eigenen Mutter doch bedingungslos vertraut werden kann.

Wenn Mama die Drogen, welche sie selbst ständig konsumiert, anbietet, wird das schon seine Richtigkeit haben. Diese Annahme stellte sich klarerweise als völlig falsch heraus und so erfuhr Anna wiederholt, dass es sich hierbei um ein übernommenes Verhaltensmuster handelt. Zum ersten Mal begriff sie, dass sie nicht nur ihre eigenen, sondern vorallem auch die Entscheidungen ihrer Mutter in Frage stellen kann, darf und soll. Für das von Angst dominierte Leben voller Trauer und Schmerz entschied sie sich, als junge Halbwüchsige mitnichten freiwillig. Das unausgesprochene Motto: „Wir beide gegen den Rest der Welt“, war die Entscheidung und die Lebenseinstellung ihrer Mutter und nicht Anna‘s eigene. In der, von der Mutter erschaffenen, Angstblase richtete sie sich zwar gehorsam danach aber in Wahrheit sieht sie die Welt eigentlich nicht so verbissen. Sie empfindet das Leben nicht als harten Kampf. Ihr individuelles Wesen sprüht vor Freude, ist friedvoll und grundglücklich. Diese Erkenntnis war eine der wertvollsten. Sie legte ihre Drogensucht rapide ab, begann regelmäßig Sport zu betreiben und gesund zu essen. Beim Kochen entdeckte sie ihre Experimentierfreudigkeit und ihren Kopf fütterte sie nur noch mit Informationen die wirklich relevant für sie und ihre positive Weiterentwicklung sind. Anna übernahm Eigenverantwortung und gab auch ihrer Mutter die Möglichkeit dazu indem sie sich ein bisschen von ihr distanzierte. Sie handelte gegen ihr übermäßig antrainiertes Helferleinsyndrom. Langsam aber doch war dadurch auf beiden Seiten Fortschritt zu erkennen. Vom angsterfüllten Leben voller Drama und schicksalhaftem Pech, zurück zum fröhlichen Leben voller Glück, Zuversicht und Freude. Zwischendurch gab es Phasen mit leichten Stimmungsschwankungen aber auch diese stellten sich auf lange Sicht komplett ein. Eine wahre Erfolgsgeschichte die mich beeindruckt. Heute sagt Anna, dass sie nun weiß, dass jeder die Chance darauf hat, sein Leben zu verändern. „Wenn ich es geschafft habe, dann schafft das jeder", meint sie. Die schweren Depressionen mit allem was dazu gehört, erwähne ich hier gar nicht. Generell hat Anna Situationen erlebt, an die du höchstwahrscheinlich nicht einmal denken würdest. Ihre Geschichte wäre ein eigenes Buch oder sogar einen Film wert. Dennoch hat sie es geschafft ihre Vergangenheit loszulassen. Sie hat sich ihre Geschichte angeschaut, sie ausführlich hinterfragt und letztlich durch aktives Handeln losgelassen. Das war nicht immer leicht aber mit dem nötigen Willen und einer gewissen Kontinuität machbar. Das hat sie eindeutig bewiesen und zwar sich selbst.

Was entdeckst du, wenn du dich und dein Verhalten ausgiebig studierst? Geben sich bisher unsichtbare Merkmale zu erkennen? Welche Verhaltensweisen haben auf dich abgefärbt? Gibt es übernommene Denkweisen, Überzeugungen und Glaubenssätze, die dich heute so leben lassen wie du lebst? Das war eine rethorische Frage. Die eindeutige Antwort lautet: Ja! Es gibt sie und es liegt an dir sie zu erforschen. Ins aktive Handeln kommst du erst, wenn du dir bewusst machst, was du eigentlich unbewusst machst. Dass du nicht deine Vergangenheit bist, weißt du ja. Du musst aber auch in Betracht ziehen, dass dein Lebensalltag viel mehr ein Ausdruck deiner nicht losgelassenen Vergangenheit sein könnte, als ein Abbild deiner wahren Natürlichkeit. Dein Hahaha-Moment erwartet dich, wenn du wirklich bereit dafür bist.

Für das dritte „H“ möchte ich dein Spiegelkind hervorrufen. Angenommen Lea wächst zur jungen Erwachsenen heran und beginnt gerade das Leben als Volljährige zu erkunden. Gehen wir davon aus, dass sie ihre Geschichte studiert und hinterfragt hat. Die Antworten sind klar. Sie weiß woran sie arbeiten muss und welche Verhaltensweise sie ablegen sollte, um glücklicher zu sein. Nun möchte ich, dass du dir folgende Fragen stellst: Darf Lea loslassen, was sie runterzieht? Hat sie das Recht darauf, sich und ihr Leben zu verändern? Sie ist bereit zu handeln aber steht es ihr zu? Wenn es einzig und allein in deiner Macht läge, würdest du Lea die Erlaubnis erteilen oder würdest du ihr das Loslassen der Vergangenheit verbieten, sodass sie sich nicht frei machen kann?
Ich stelle mir da oft ein Szenario vor, welches mir sofort dabei hilft mich für oder gegen eine Handlung

zu entscheiden. Wenn ich mich bereit fühle etwas loszulassen, was mich in die Vergangenheit zieht, denke ich an eine Fantasie-Szene, welche du dir nun kurz, gedanklich ausmalen sollst. Versetze dich kurz in die Lage eines Richters und stelle dir dabei vor, wie Lea alleine auf der Anklagebank sitzt. Ihr wird Verrat an der Vergangenheit vorgeworfen. Es liegen Videobeweise vor, welche Lea nachweislich dabei zeigen, wie sie alte Verhaltensmuster, schmerzliche Erfahrungen und giftige Dogmen ablegt. Zeugen sagen zusätzlich aus, dass Lea geplant hätte, sich neu zu orientiertieren, um glücklicher zu werden. Die Fakten sprechen für sich und gegen Lea. Jetzt liegt die endgültige Entscheidungskraft bei dir, denn du bist in diesem Szenario der Richter. Verurteilst du sie? Verordnest du ein striktes Verbot zur persönlichen Weiterentwicklung? Stell dir Lea so detailliert wie am Anfang des Buches vor, mit dem einzigen Unterschied, dass sie nun eine junge Frau ist und blicke ihr tief in die Augen. Sie hat nichts verbrochen, du weißt das. Alles, was ihr vorgeworfen wird, ist nicht relevant beziehungsweise in irgendeiner Weise abzuwerten. Natürlich hat Lea das Recht auf Veränderung. Sie darf Dogmen ablegen. Ja, es steht ihr zu, das Hinterfragte entsprechend auszumisten. Ihr steht ein Leben voller Glück, Freude und Zufriedenheit zu. Es sollte ihr freistehen, alle schmerzlichen Erfahrungen loszulassen, nachdem sie diese offen und ehrlich analysiert, verstanden und aufgeklärt hat. Dazu zählen genauso jene Schmerzen, die sie verursacht hat. Verantwortung zu tragen ist wichtig und ein gesundes Maß an Schuldbewusstsein kann, wenn man desorientiert umherwandert, als hilfreicher Wegweiser dienen. Lea ist nunmal ein Mensch. Sie macht Fehler und darf sich diese vergeben ergo darf sie sich für Wachstum, Glück und Weiterentwicklung entscheiden. Was sie getan oder nicht getan hat ist für den gegenwärtigen Moment irrelevant. Klar, sie sollte mit sich im Reinen sein. Die Rede ist nicht von Verdrängung und Flucht vor der Wahrheit. Für seine Fehler gerade zu stehen ist essentiell. Wer ständig versucht seine Fehler schönzureden, begeht damit ununterbrochen denselben Fehler und verpasst dabei die Gelegenheit zur Entfaltung seiner eigenen Individualität. Ich meine sogar, dass jeder wiederholte Fehler den Platz für einen neuen, wertvollen Fehler besetzt und das verwehrt uns den Zugriff auf unser volles Potential. Das unterschreibe ich ohne Weiteres.

Allerdings verheddern sich zu viele Menschen im Konstrukt der ewigen Schuld, weil sie es nicht schaffen zu differenzieren. Es wird oft von der Dringlichkeit eines makellosen Lebens, ohne jeglicher Fehltritte ausgegangen. Das ist aber nicht möglich und schon gar nicht erstrebenswert. Fehler können uns auf den richtigen Weg geleiten, wenn wir sie ganzheitlich wahrnehmen. Zähle jetzt gleich alle Menschen auf, von denen du weißt, dass sie noch nie einen Fehler im Leben gemacht haben… Vermutlich spürst du den Sarkasmus hinter dieser Aufforderung. Lea hat also definitiv das Recht auf Freiheit – mehr als je zuvor. Alle Anklagen werden fallen gelassen. Der Prozess wird eingestellt und jegliche Kosten verfallen. Lea ist somit frei und verlässt den Gerichtssaal mit tanzendem Herz und einem fröhlichen „HaHaHa". Ahnst du schon, was das nun für dich bedeutet? Ich erinnere dich daran, dass Lea dein Spiegelkind ist. Was auf Lea zutrifft, trifft auch auf dich zu. Wenn du deine Vorstellungskraft nutzt und dir Lea ins Gedächtnis rufst, um herauszufinden, ob sie hinschauen, hinterfragen und anschließend handeln darf, dann geht es in Wirklichkeit um dich. Dein Spiegelkind bietet dir die Möglichkeit, dich selbst aus einer neuen Perspektive zu betrachten. Lea das Loslassen ihrer Vergangenheit zu verbieten wäre nicht nur lächerlich. Es wäre zweifelsohne falsch. So kitschig und vereinfacht das Rollenspiel im Gerichtssaal auch klingen mag, legt es genau das dar, was wir oft machen. Das Wahnsinnige daran ist, dass wir beim Festhalten an der Vergangenheit sowohl auf der Anklagebank, als auch auf dem Richterstuhl sitzen. Wir klagen uns selbst an, um uns daraufhin selbst zu verurteilen. Das muss echt nicht sein. Was auch immer du getan oder nicht getan hast, lass es bitte los - im

Ernst. Ein Menschenleben ist an sich schon sehr kurz aber wenn du in der Vergangenheit verweilst, ist es schon zu Ende bevor es wirklich losgeht. Verschiebe dein Leben nicht auf später. Verwende die HHH-Methode als Werkzeug. Du wirst dich daran erfreuen.

"SELBSTBEWUSST, IN JEDER LAGE, SCHAU' ICH HIN UND HINTERFRAGE.
ICH ENTSCHEIDE WAS ICH LIEGEN LASS' UND WAS ICH WEITERTRAGE.
ICH GEH' ZUVERSICHTLICH, HAND IN HAND, MIT MEINEM SPIEGELKIND.
TANZ' DURCHS LEBEN VOLLER FREUDE UND SING' FRÖHLICH,
WIE DER WIND"

Altes Ich vs. Neues Ich

Wenn dein Ziel nicht darin besteht, eine alte Seite aus deinem Lebensbuch zu reißen, sondern ein neues Kapitel aufzuschlagen, bist du auf dem richtigen Weg. Dein altes Leben darf gewürdigt und dein neues ruhig mit offenen Armen und gutem Gewissen empfangen werden. Dein Grundwesen hat sich nicht verändert. Du bist jetzt gerade, in diesem Moment, genau das, was du gestern, vorgestern und an deinem Geburtstag warst, nicht mehr und nicht weniger. Wenn du nicht an Wunder glaubst, dann hast du vergessen, dass du selbst eines bist. Kein Mensch kann sein, wer du bist. Nur du kannst du sein. Inwiefern ist das wichtig und was hat das mit dem Loslassen deiner Vergangenheit zu tun? Nun, mir ist aufgefallen, dass Menschen, die ihre Vergangenheit nicht loslassen, sich oftmals selbst anketten. Das machen sie gedanklich indem sie sich selbst einreden, dass sie sich nicht neu erfinden dürfen. Wenn ich in tiefsinnigeren Gesprächen auf die Einzigartigkeit jedes einzelnen Erdbewohners aufmerksam mache, scheint sich bei einigen ein neuer Blickwinkel zu ergeben. Das Verständnis über die eigene Einzigartigkeit kann in Bezug auf das neue Kapitel Mut und Kraft spenden. Wer weiß, dass er einzigartig ist, weiß auch, dass er sich als Mensch immer wieder neu erfinden darf. Das darf und kann er, ohne sich selbst dabei zu hintergehen. Auch hier ist natürlich zu beachten, dass nicht von der vor seinem eigenen Sein gesprochen wird. Vor sich selbst und seinen Aufgaben wegzulaufen, indem man sich zum Beispiel andauernd, zwanghaft optisch verändert, ist kontraproduktiv und nichts anderes als reine Ablenkungstaktik. Zwischen dem neuen Haarschnitt und dem neuen Haarschnitt gibt es einen Unterschied. In meiner Jugendzeit habe ich erkannt, dass ich mir immer dann die Haare schneide, wenn ich mit meiner aktuellen Lebenssituation unzufrieden bin. Ich glaubte irrtümlicherweise das zu machen, was ich wirklich möchte. Der Weg zum Frisör war (m)ein Selbst-Täuschungsmanöver. Dass die Veränderung meines optischen Erscheinungsbildes in Wahrheit purer Kompensation gleichkam, durchschaute ich, unwissend wie ich war, logischerweise nicht. Davor habe ich dieses Verhalten bei meinem besten Freund entdeckt. Bei ehrlicher und genauer Betrachtung sah ich quasi direkt in den Spiegel und so kam ich zu meiner Schlussfolgerung. Die Fährte führte zu mir selbst. Zu jener Zeit habe ich mich darüber geärgert. Das unbewusste Verhalten meines besten Freundes kam meinem eigenen sehr nahe und das gefiel mir nicht. Im jungen Alter von 16 Jahren, fiel es mir schwer, mir diese Erkenntnis einzugestehen. Blicke ich heute zurück, erfreue ich mich lachend an dieser und vielen ähnlichen Erfahrungen. Situationen, Phasen und

Umstände, von dessen ewiger Beständigkeit ich ausging, zerplatzten nacheinander, wie Seifenblasen. Die Betrachtung unserer Vergangenheit lässt uns unumstritten auf das ständige Aufschlagen neuer Kapitel schließen. Wir haben es bereits etliche Male gemacht, nur eben automatisch und unbewusst. Demnach hat jeder von uns ein altes „Ich". Hierbei handelt es sich um die Version von dir, welche im neuen Kapitel nichts zu suchen hat. Du erinnerst dich an Anna und ihre Geschichte. In ihrem neuen Kapitel ist kein Platz für die alte Version von Anna, welche blockierende Dramen erschafft und sich von ihren Ängsten durch die Welt navigieren lässt. Das neue Kapitel erzählt von einem neuen Ich. Nehmen wir einmal die Jahreszeiten her. In den kalten Wintermonaten trägst du entsprechende Kleidung. Eine Haube, Handschuhe und eine dicke Winterjacke. Das macht Sinn, weil du dich so gut wie möglich gegen die Kälte schützt. Was aber, wenn sich der Frühling spürbar ankündigt? Er kommt langsam aber doch. Was machst du, wenn es wärmer wird? Wie gehst du vor? Was veränderst du? Der Winter geht vorbei und im Frühling trägst du keine Winterjacke. Du würdest sie nur vollschwitzen. Damit riskierst du wiederum eine mühsame Verkühlung. Du könntest krank werden, weil du dich im neuen Kapitel nicht zeitgemäß verhalten hast. Du hast es einfach ignoriert, dich dagegen gewehrt und geglaubt, dass deine

Sturheit am Ende siegen wird. Das wird sie aber nicht. Der Frühling kommt und anstatt ihn zu bekämpfen solltest du ihn genießen. Deine Jacke darfst du in den Schrank hängen und bei Gelegenheit wieder rausnehmen, um sie anzuziehen. Dein altes Ich, welches im Winter präsent war, hat im Frühling nichts zu suchen. Halte nicht an deiner Winterjacke fest, wenn du sie aktuell gar nicht brauchen kannst. Du schlüpfst doch auch nicht im Sommer hinein und gehst dann gemütlich ein Eis essen. Du sollst dich doch wohlfühlen und das Beste aus jedem Tag machen. Du darfst die Jacke also ruhig ausziehen. Es ist nur zu deinem Eigenwohl. Dein neues Ich badet gerne im Sonnenlicht und genießt das Reisen ohne all den veralteten Geschichten. Nach der erfolgreichen Anwendung der HHH-Methode wird zwangsläufig ein neues Kapitel aufgeschlagen. Solltest du mal Lust haben, kurz zurück zu blättern, kannst du das sicherlich machen. Die HHH-Methode und die daraus resultierende Bewusstheit lassen das zu. Das ist ja das Schöne. Wenn du gefestigt bist, kannst du in Erinnerungen schwelgen ohne, dass sie dich runterziehen, demotivieren oder Selbstzweifel enstehen lassen. Ganz gleich, ob du dabei an angenehme oder schlechte Erfahrungen denkst. Beides ist schlichtweg ok. Du hast die nötige Distanz und bist in deiner gestärkten Mitte. Wie bei einem Buch weißt du jedoch zu jeder Zeit, dass das Gelesene zwar spannend war aber das aktuelle Kapitel noch voller Überraschungen ist. Diese gilt es zu entdecken und zwar immer nur hier und jetzt. Alles andere verliert an Wichtigkeit, wenn du das neue Kapitel, die neue Etappe mit deinem neuen Ich entdecken möchtest. In Wahrheit ähnelt dein Leben einem Buch. Es fehlen lediglich das Inhaltsverzeichnis und die Seitenanzahl. Wieviele Seiten hat dein Buch? Du weißt es natürlicherweise nicht. Es wäre wunderschön, wenn es noch weitaus mehr als 1562010 wären. Es könnten aber auch nur noch 691971 Seiten sein. Du kennst die Zahl nicht. Entwickle dich bewusst nach vorne und bei Bedarf mach einen gedanklichen Ausflug in die Vergangenheit. Vertraue aber stets deinem neuen Ich. Reise ohne Misstrauen, allerdings nur anlässlich. Rückblickend erzählen peinvolle Kapitel oft Weisheiten, spekulieren kennerhafte Yogis. Das ist wunderschön und kann Heilung einleiten. Sei aber gut zu dir selbst und verweile niemals zu lange in der Vergangenheit. Wandere frei und gib deinem neuen Ich genug Raum, um sich ausbreiten zu können. Mach Platz für was Neues und erforsche diese Welt ab sofort mit Zuversicht und Neugier. Du kannst ein altes Kapitel wiederholt lesen aber irgendwann kennst du es doch schon in und auswendig. Es wird Zeit sich abzunabeln. Durchbrich den Schmerz-Kreis deines Stammbaumes und ermögliche dir und deinen Nachkommen eine neue Chance auf Freiheit. Wenn du ungute Eigenschaften und Verhaltensweisen von deinen Eltern übernommen hast und diese ab jetzt zu deinem alten Ich gehören sollen, dann lass sie los. Im neuen Kapitel haben sie keinen Platz mehr. Durchbrich den leidigen Kreis endlich und wisse, dass es nur die Konditionierung war, die dich darin laufen ließ. Was dir erzählt wurde ist nicht immer wahr gewesen. Dein neues Ich ist klüger. Denke an den Wert deines eigenen Lebens und mach einen eindrucksvollen Cut.

Sei die Veränderung, die es braucht, um deinem neuen Ich den Platz zu erweisen, den es verdient. Entscheide dich für mehr Bewusstheit im Alltag und spüre Unbewusstheit auf. Der Ball liegt jetzt bei dir. Du bist hier und jetzt in einer Situation, in der du den Beginn eines neuen Kapitels akzeptieren musst. Mit deinem neuen Bewusstsein bleibt dir nichts anderes übrig und das ist eine gute Botschaft. Ja, es braucht Zeit, damit wir Dinge so akzeptieren können, wie sie sind. Aber wie lange willst du noch warten? Der Zitaten-Tarzan entspricht deinem alten Ich und hat mit dem neuen nichts am Hut. Sieh also zu, dass du dein altes Ich in aller Liebe loslässt. Lerne dich kennen und liebe, was und wer du bist. Wenn du dich selbst annimst und liebst, kannst du dich deinem Leben vertrauensvoll hingeben und es gleichzeitig aktiv mitgestalten. Nun bist du mit der HHH-Methode vertraut. Kannst du dich an Patrizia erinnern? Im Vorwort habe ich erwähnt, dass ich detaillierter auf sie und ihre Geschichte eingehen möchte. Bevor ich das mache, möchte ich dir zum Abschluss dieser Etappe ein paar Fragen mitgeben, die du dir stellen kannst, um bewusst im Hier und Jetzt zu sein. Du kannst sie dir immer wieder stellen. Gerne immer dann, wenn du ein gewisses Leeregefühl nicht so ganz zuordnen kannst und nicht weißt, ob es sich dabei vielleicht nur um eines aus deiner Vergangenheit handelt. Du kannst sie aber auch dann heranziehen, wenn du einfach nur einen wachsamen Schritt in die Achtsamkeit machen möchtest. Wieder lade ich dich direkt dazu ein, einen Stift zur Hand zu nehmen und gleich direkt ins Buch zu schreiben. Das direkte Niederschreiben einer Antwort hat einen ganz anderen Effekt auf unser Gehirn als der bloße Gedanke an eine Antwort. Sei gerne altmodisch - verwende einen Stift.

Auf einer Prozent-Skala von 1 bis 100 ....
Wie intensiv würdest du an deiner Vergangenheit festhalten, wenn du nur noch 10 Jahre zu leben hättest?

Schreibe die Zahl in den Spiegel.

Was sagt dir deine Antwort? Würdest du eine andere Zahl hineinschreiben, wenn du noch 50 Jahre zu leben hättest? Wenn ja, welche und warum? Was kannst du machen, um die Prozentzahl zu verkleinern?

Wofür bist du wirklich aus tiefstem Herzen dankbar? Was würdest du gegen nichts auf dieser Welt eintauschen? Notiere bitte acht Punkte.

1 ____________________

2 ____________________

3 ____________________

4 ____________________

5 ____________________

6 ____________________

7 ____________________

8 ____________________

Womit könntest du dir selbst in den nächsten zwei Wochen etwas Gutes tun?

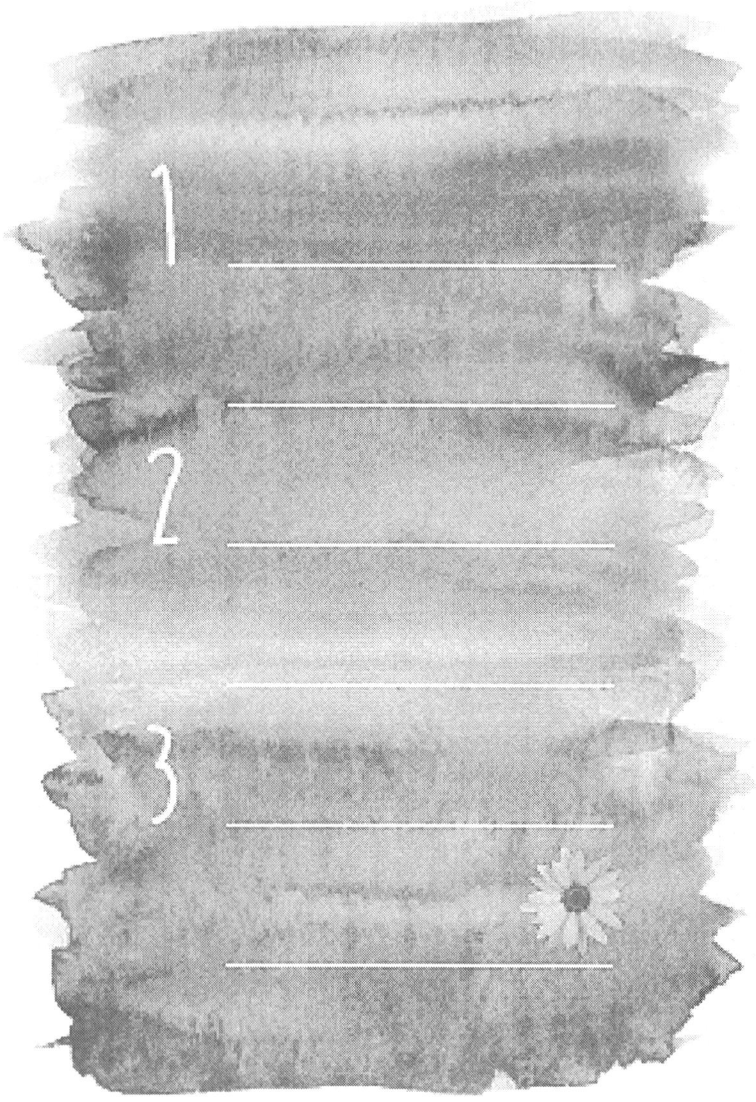

FAZIT

- Verhaltensweisen die dir nicht mehr dienlich sind loszulassen bedeutet immer ein Stück deiner Vergangenheit hinter dir zu lassen.

- Beobachte dein eigenes Verhalten, deine Denkweise & prüfe deine Weltanschauung.

- Wisse, dass deine belastende Vergangenheit im Hier & Jetzt nicht existiert (erkenne deinen imaginären Rucksack).

- Hinterfrage welche Ideen & Ansichten deinem wahren Naturell entsprechen & welche dir eher auferlegt beziehungsweise übertragen wurden (sortiere den Inhalt des Rucksacks sorgfältig aus).

- Gefühle wollen & sollen gefühlt werden. Erkenne jedoch, wenn sie kontraproduktiv werden & das gesunde Maß übersteigen.

- Entscheide dich ganz bewusst für den Start in eine entspanntere Lebensphase voller Spaß, Glück, Freude & Frieden (lege deinen Rucksack endgültig ab).

- Sei du selbst die Veränderung, mach dich gedanklich frei & erforsche das Leben.

5. Schritt: Radikale Vergebung

Ich habe dir vom Kontaktabbruch zu einigen Festhaltern aus meinem Umfeld erzählt und möchte zusätzlich anführen, dass ich nicht immer so selbstreflektiert und klar war, wie ich es heute bin. Auch bei mir war die Bewusstwerdung ein Prozess, der in meinem individuellen Tempo vonstatten ging und natürlich noch immer geht. Keinesfalls bin ich ein unbeschriebenes Blatt. Mein Leben war ebenfalls lange von Ängsten und Dogmen geprägt und das niedrige Selbstwertgefühl, welches dadurch entstand, machte auch mich zu keinem Heiligen. Überhaupt kann ich das Verhalten eines Festhalters nur so detailliert schildern, weil ich selbst in einer Blase voller Neid, Missgunst und Pessimismus aufgewachsen bin. Sich selbst zu lieben stand in einem derartigen Umfeld sehr lange nicht zur Option. Auch ich wurde von einer inneren Leere dirigiert. Dadurch habe ich genau die Menschen verletzt, die mich am meisten lieben. Aus meiner eigenen, inneren Verletztheit heraus, machte ich genau jene traurig, die es am allerwenigsten verdienen. Wenn du eigentlich einen stark ausgeprägten Sinn für Gerechtigkeit hast, ist der Umgang mit so einer Vergangenheit schwer. Klarerweise kann ich nicht wissen, welchen Teil du aus deiner Vergangenheit loslassen möchtest. Ich bin jedoch davon überzeugt, dass dich übersteigerte Schuldgefühle am gesunden Loslassen hindern. Hier betone ich das Wort „übersteigert“ deutlich. Schuldgefühle sind keine guten Begleiter, wenn du unbeschwert reisen möchtest. Aber anfänglich bedeutet ein normales Maß an Schuldgefühlen nur, dass du dir deiner Verantwortung bewusst bist und diese solltest du schleunigst übernehmen. Loslassen bedeutet nicht Dinge einfach zu verdrängen. „Aus den Augen, aus dem Sinn“ funktioniert hier nicht. Irgendwann klopft auch die geduldigste Lektion an deiner Tür und fordert deine volle Aufmerksamkeit. Du kannst dich jahrelang ablenken und fliehen aber die Vergangenheit holt dich immer ein, wenn du nicht bereit bist dich ausführlich mit ihr zu beschäftigen, um sie daraufhin Loszulassen. Bringe einen Job zu Ende bevor du 100 andere angehst. Allgemein finde ich es mehr als fragwürdig, ob wir uns überhaupt für so vieles schuldig fühlen müssen. Es scheint ja schon fast in Mode zu sein, sich für alles Mögliche schuldig zu fühlen. Darüber kann diskutiert werden aber meiner Meinung nach ist ein gewisses Maß an Schuldgefühl ein Appell an unsere Eigenverantwortung. Dieses Signal soll uns zum aktiven Handeln anregen. Wenn wir es schaffen, das Signal richtig zu deuten und demnach aktiv werden, ist nur noch die Dauer des Schuldgefühls ausschlaggebend. Jeder hat seine individuelle Grenze aber insgesamt lässt sich sagen, dass übersteigerte Schuldgefühle dann unangebracht sind, wenn bereits aktiv und ganz bewusst an einer Situation gearbeitet wird und deutliche Fortschritte erzielt werden. Nehmen wir an, du hast einen Menschen verletzt, der es nicht verdient hat. Wir nutzen unsere Fantasie und nehmen den Namen Samah, um es etwas konkreter zu machen. Bis dato hast du dich nicht aufrichtig bei ihr entschuldigt und euer Abschied ging eher verschwommen vonstatten. Nun quält dich dein Gewissen und du bist dir der Wichtigkeit einer aufrichtigen Entschuldigung bewusst. Demzufolge machst du dir Gedanken über eine entsprechende Geste. Dir ist klar, dass du damit keine Narben verschwinden lassen kannst aber du bist gewillt, deine Klarheit in Bezug auf die Verletztheit aufzuzeigen. Du bist dir deines Fehlverhaltens bewusst und leitest angebrachte Schritte ein. Du beginnst mit einem handgeschriebenen Brief. Darin schilderst du deine Herzens-Angelegenheit so detailliert du kannst. In aller Deutlichkeit legst du sowohl deine aktuellen Gefühle und Gedanken, als auch jene Ansichten und Beweggründe, die du zum damaligen Zeitpunkt des Geschehens hattest, dar. Offen, erhlich und authentisch. Beim Lesen soll Samah deine Aufrichtigkeit förmlich fühlen können. Alle Gedanken, welche durch deine Einsicht entstehen, bringst du zu Papier. Da es sich nicht um irgendeinen Brief handelt, nimmst du dir genügend Zeit dafür. Je ausführlicher das Geschriebene desto höher die Wahrscheinlichkeit, dass Samah deine Bewegtheit versteht. Täglich schreibst du 50 – 100 Wörter nieder und das für ein paar Wochen lang, je nachdem wie lange der Brief sein soll. Wenn der Brief fertig ist, du ihn mehrmals durchgelesen hast und deine Botschaft genau das ausdrückt, was sie soll, schickst du den Brief ab. Da du von Samah's Liebe zu Katzen weißt, fügst du ein entsprechendes Geschenk in Form eines Schlüsselanhängers hinzu. Nun bist du aufgeregt, weil du nicht weißt, wie und ob Samah reagieren wird. Du hast dir viel Mühe gegeben, dein Innerstes nach außen gekehrt und deine tiefsten Gedanken und Gefühle offengelegt. Dich hat das anfängliche Schuldgefühl angekurbelt und das Signal hat in dir einen aufrichtigen Wunsch entfacht. Hierbei geht es nicht mehr nur um dich allein, sondern allem voran um Samah. Durch das Eingeständnis deines Fehlverhaltens entfaltete sich in dir das Verlangen nach Samah's Heilung. Kein Selbstmitleid, keine Heuchelei, keine Schönrederei. Samah hat das Recht auf eine aufrichtige Entschuldigung deinerseits und diese möchtest du in Form eines Briefes darlegen. Dein Schuldgefühl hat dich zum aktiven Handeln gebracht und nun liegt es an Samah. Es kann sein, dass sie verärgert oder gar wütend reagiert. Vielleicht ist die Kränkungt immer noch so stark, dass sie deine

Entschuldigung nicht annehmen kann. Möglicherweise reagiert sie gelassen und antwortet dir mit einer netten Nachricht. Eventuell kommt gar nichts von ihrer Seite zurück, weil sie den Brief einfach nicht liest. Das steht ihr natürlich frei. Schließlich wurde sie damals auch nicht gefragt, ob sie von dir verletzt werden möchte. Du hast es getan und sie musste damit leben. Es liegt an ihr und wie sie mit ihrer emotionalen Verletztheit umzugehen hat, hast du als Verursacher am allerwenigsten zu bestimmen. Das Ausmaß ihres Schmerzes kann 100 Mal stärker sein, als du es vielleicht jemals fühlen und nachvollziehen könntest. Auch wenn du denkst, dass du selbst, bei selber Verletzung niemals so reagieren würdest wie Samah, hat das keine Relevanz. Deine eigene Schmerzgrenze tut nichts zur Sache. Du bestimmst nicht ihre Art damit umzugehen beziehungsweise die Grenze, welche sie dir gegenüber zieht. Auch Samah hat das Bedürfnis diesen Teil ihrer Vergangenheit loszulassen. Wie sie das macht, obliegt einzig und allein ihr. Das hast du zu akzeptieren. Es kann aber auch sein, dass der Brief exakt das ist, was sie gebraucht hat, um ein großes Stück an seelischem Frieden zurückzuerlangen. Das alles sind Möglichkeiten die eintreffen können. Letztere ist logischerweise die Schönste aber wichtig ist, dass du auch eine unangenehme Reaktion akzeptieren solltest. Dein damaliges Fehlverhalten war mindestens genauso unangenehm für Samah –

Betonung auf „mindestens“. Jetzt auch noch die gewünschte Reaktion anordnen zu wollen wäre alles andere als aufrichtig. Gib dein Bestes, respektiere den Raum der anderen Seite und meine es ehrlich. Eine Botschaft erreicht den Empfänger erst dann, wenn er auf entsprechender Ebene reif dafür ist. Wenn Samah, aus welchen Gründen auch immer, nicht in der Verfassung ist, deine Entschuldigung anzunehmen, solltest du das akzeptieren. Schnell mal einen Brief schreiben, einen Schlüsselanhänger dazulegen und absenden ist natürlich nicht das Ziel. Jedes geschriebene Wort muss aus der Tiefe deines Herzens kommen. Wie bei einem Musiker, der sein Lied selbst komponiert hat und es mit all seiner Begeisterung vorträgt, muss auch deine Botschaft wahrhaftig gemeint sein. Wenn dich dein anfängliches Schuldbewusstsein dahin bringt, bist du auf der richtigen Fährte. Alles andere ist von geringer Substanz und es ist doch allgemein bekannt, dass wir uns Glück, Liebe und Seelenfrieden niemals wirklich erkaufen können. Du kannst gerne ein paar weitere Versuche und Anläufe machen. Samah‘s Reaktion auf deine Herzensbotschaft ist also einzig und allein ihre Entscheidung und diese hast du zu akzeptieren, auch wenn sie dir nicht gefällt. So weit, so gut – denn nun kommen wir zum eigentlichen Punkt. Manchmal beweist eine gewisse Ausdauer die Ernsthaftigkeit eines Anliegens. Aber ab wann ist es eigentlich genug?

Wo beginnt ein gesundes Maß an Schuldgefühlen sich zu einem übersteigerten zu entwickeln? Ab wann wird es destruktiv? Wo beginnt die ungesunde Rückwärtsgewandtheit? Anhand des Beispiels mit Samah kann man das relativ gut einschätzen, wenn wir von einem ernstgemeinten Brief voller Liebe und Aufrichtigkeit ausgehen. Wenn du wirklich alles gibst und ab dem fünften, sechsten, siebten, achten unbeantworteten Brief, welchen du sogar mit einem beauftragten Blumenboten zukommen lässt, mit einem geschriebenen Lied nachlegst, welches erneut ignoriert wird, kannst du Samah's Antwort wahrscheinlich schon erahnen. Auch keine Antwort kann eine sein. Wir gehen in diesem Fall davon aus, dass deine Briefe auch tatsächlich in Samah's Hände gelangen. Die ausbleibende Antwort ist Samah's klare Absicht. Ja, ein eindeutiges Nein wäre schön aber letztlich ist es ihre Sache. Der Ball liegt bei ihr und für dich wäre es nach all deiner Mühe am besten, wenn du beginnst zu akzeptieren. Sowohl Samah's Verhalten, als auch deine vergebens gewesenen Bemühungen. Wenn du wirklich das Maximum gegeben und aus der Tiefe deines Herzens gehandelt hast, kannst du dir nichts mehr vorwerfen. Ja, du hast Fehler gemacht. Ja, du hast Samah in der Vergangenheit verletzt aber zeig mir bitte einen lebenserfahrenen Menschen auf dieser Welt, der die Weltbühne fehlerfrei verlassen hat. Das soll und darf keine Ausrede sein, wenn du echte

Heilung anstrebst. Es soll dich aber auf deine Menschlichkeit hinweisen. Du betrittst diese Welt zwar mit allem, was du benötigst, um deine individuelle Reise anzugehen aber die Entscheidungen, die du in deiner gesamten Lebenszeit als Mensch triffst, können nicht ausnahmslos perfekt sein. Das ist alleine schon bei all den Programmen, die wir heutzutage durchlaufen, nicht annähernd möglich. Du hast Fehler gemacht und wirst noch einige machen, ganz sicher. Steh lieber dazu und lerne aus ihnen, um so wenig Schaden anzurichten wie möglich. Wer Fehler fürchtet, fürchtet das Leben und das kann sicherlich nicht dein Ziel sein. Verstehe deine Vergangenheit und ziehe wichtige Schlüsse daraus. Danach lass sie los, akzeptiere das, was jetzt gerade ist und freu dich auf das, was noch kommen wird. Richte deinen Fokus auf das Leben und nicht nur auf die Fäden. Die Bereitschaft, jemand anderen zu verletzten, obwohl man ihn eigentlich liebt, ist meiner Erfahrung nach immer dann höher, wenn man sich selbst nicht genug liebt. Wenn wir zurückdenken und unser Fehlverhalten mit einer gesunden Distanz und neugewonnenen Reife betrachten, erkennen wir, dass uns ein niedriges Selbstwertgefühl angetrieben hat. Wer verstanden hat, dass er niemanden verletzen kann, ohne sich dabei selbst zu verletzen, kann endlich bewusste Entscheidungen treffen. Von da an wäre es vollkommen irrational, jemandem absichtlich zu schaden. Im Wissen über den eigenen Nachteil kann man nur dann destruktiv handeln, wenn man sich selbst nicht genug liebt. Ein gefestigtes Selbstwertgefühl ist daher unerlässlich. Wir könnten uns natürlich aus reinem Egoismus heraus zurückhalten aber, dass das ebenso nicht die Lösung ist, erklärt sich hoffentlich von selbst. Dir zu schaden vermeide ich nicht, um mir selbst nicht zu schaden, sondern, weil ich dein Sein respektiere und dank meinem gestärkten Selbstwertgefühl kein Verlangen danach habe. Hinzukommt die stetige Selbstreflexion und die volle Übernahme der Eigenverantwortung. Wir brauchen Zeit, um uns zu entwickeln. Du kannst die Zusammenhänge deiner eigenen Vergangenheit nicht von heute auf morgen verstehen. Dafür braucht es geistige Reife und diese erlangen wir nur durch unterschiedliche Erfahrungen. Viele davon sind schmerzlich aber wir müssen lernen damit umzugehen. Unsere Betrachtungsweise muss sich ändern, damit wir Heilung erfahren können. Im Laufe unseres Lebens verletzen wir uns alle gegenseitig. Vergib dir selbst und zwar jetzt. Vergiss nicht, dass du ein Mensch bist und zur damaligen Zeit des Geschehens bereits einer warst. Nimm dir ausreichend Zeit für aufrichtige Entschuldigungen. Handle aus dem Herzen aber akzeptiere auch, wenn es Zeit ist Loszulassen. Kämpfe nicht dagegen an. Wenn deine Entschuldigungen nicht angenommen werden, entschuldige dich selbst. Ent-

Schuld-ige dich, damit du die Blockade deiner individuellen Entfaltung nicht weiterhin aufrechterhältst. Gib dein Bestes aber lege deine Schuld ab, wenn es so sein soll. Du kannst aus deiner Geschichte Wertvolles über dich selbst lernen und daran wachsen. Deine begangenen Fehler, die du auch als solche verstanden hast, solltest du mit deinem neuen Wissensstand nicht wiederholen.

"DUMM IST DER, DER DUMMES ZWEIMAL TUT"

Wer einen Fehler zweimal macht, verpasst vielleicht die Möglichkeit, neue, aufschlussreiche, wertvolle Fehler zu machen. Lass die Vergangenheit, mit allem was dazugehört, los. Du kannst in deinem Leben stets das Beste geben aber trotz deiner Lektionen wirst du nicht perfekt handeln und alle Mitmenschen zufrieden stellen können, das verspreche ich dir. Das ist keine schlechte Nachricht, sondern einfach in keinster Weise anzustreben also setz dich nicht unter Druck. Sei ehrlich zu dir selbst und wisse, dass du niemandem schaden kannst, ohne dir dabei selbst wehzutun. Strebe nach ganzheitlicher Heilung und sei fair zu deinen Mitmenschen. Benutze Verletzungen niemals als Freifahrtschein für skrupellose Taten.
Dieser Planet braucht kein ständiges Hin und Her, sondern empathische Menschen, die bereit sind Hass, Neid und Gewaltlust loszulassen. Es ist an der Zeit,

dass wir uns gegenseitig achten, respektieren und wertschätzen. Wir können nur das Beste aus dem Leben machen, wenn wir nicht gegen uns selbst spielen. Alles beginnt in, bei und mit dir selbst. Darum vergib dir, damit du starten kannst!

"IN TIEFER DANKBARKEIT UND DEM HEUTIGEN WISSEN, BLICKE ICH AUF DIE FINSTEREN WEGE MEINER VERGANGENHEIT ZURÜCK, UM SIE MIT ALL MEINER LIEBE ZU BELEUCHTEN"

An dieser Stelle möchte ich kurz die Lösung des Rätsels auf Seite 56 reinschummeln: **„Ich bin genug“.** Ja, damit bist du gemeint. Du bist genug. Lerne dich selbst wertzuschätzen und zu lieben. Weiter im Text!

Ich vergebe dir

Du erinnerst dich bestimmt an unangenehme Lebensphasen aus deiner Vergangenheit. Wenn du ehrlich bist, haben sie dir alle, auf die eine oder andere Weise, etwas Nutzvolles (bei)gebracht. Die wertvollen Erkenntnisse, welche auch unangenehme Situationen mit sich bringen, nehmen wir meistens erst hinterher, wenn wir uns beruhigt haben, wahr. Währenddessen ist unser Blickfeld vernebelt. Im Nachhinein erkennen wir die Zusammenhänge besser und ziehen überraschenderweise positive Schlüsse. Ich musste zum Beispiel mal eine Wohnung aufgeben, weil sie in allen Ecken zu schimmeln begann und das Gesundheitsrisiko ein gefährliches Ausmaß erreichte. Ich wohnte im obersten Stockwerk und über mir wurde der Dachboden ausgebaut. Im Zuge dessen drang Wasser durch das Gemäuer. Ohnehin befand ich mich gerade in einer sehr herausfordernden Phase meines Lebens. Die lauten Bohrungen von 7 Uhr bis 19 Uhr, der schwarze Schimmel, die Ignoranz der zuständigen Ämter und die unzähligen Behördenwege kamen noch dazu. Aus meinem Umfeld konnte mir niemand helfen, ich war auf mich alleine gestellt und komplett überfordert. Schweren Herzens gab ich meine Wohnung schließlich auf. Durch sie hatte ich zum ersten Mal in meinem Leben das Gefühl von Sicherheit. Der Abschied fiel mir sehr schwer. Ich versuchte ihn solange wie möglich hinauszuzögern und weil ich nichts anderes fand, zog ich in eine Wohnung, die doppelt so groß und dreimal so teuer war. Mein Inventar verschenkte ich zum größten Teil, weil ich keine Transportmöglichkeit hatte. Was ich mitnahm war ein gigantisches Paket voller Existenzangst, Trauer und Schmerz. Hätte es damals einen Knopf gegeben, der nach Betätigung alles rückgängig macht, hätte ich ihn sofort gedrückt. Ich hätte keine Sekunde gezögert. Heute schaue ich lachend zurück und bin dankbar für diese Erfahrung. Sie ging mit viel Schmerz einher aber justierte mich auch so, dass ich in den Drive der Eigenverantwortung kam. Zuvor war keine Rede davon. Ich war plötzlich gezwungen, mir blieb nichts anderes übrig als zu handeln und das war, wie ich heute weiß, sehr wichtig für mich. Ich bin daran gewachsen, meine Persönlichkeit wurde enorm gestärkt und durch den Umzug haben sich Türen geöffnet, die ich sonst niemals zu Gesicht bekommen hätte. Übrigens befreite mich diese Geschichte von einem großen Teil meiner Naivität. Ich verlasse mich nicht mehr blind auf das Wort von Mitarbeitern eines Amtes, sondern hake mindestens viermal nach. Was die skrupellosen Taktiken der jeweiligen Profiteure anbelangt bin ich auch schlauer aber gut, das Thema der Gier ist wieder ein anderes. Falls du diese Ansichten nicht teilst, bist du mit sehr hoher Wahrscheinlichkeit kein Wiener. Hier ist die oft angewandte „Wir-sind-nicht-zuständig-Methode“ nämlich allseits bekannt. Kabarettisten machen gerne Witze über die wienerische Amtskultur. Jedenfalls sollst du wissen, dass unangenehme Erfahrungen, angenehme Zeiten einleiten können. Wichtig ist, dass du emotionale Verletzungen loslassen kannst. Das musst du, damit du die angenehmen Zeiten zunächst einmal wahrnehmen und dadurch erst erfahren und genießen kannst. Ich habe hier und jetzt die Wahl zu entscheiden. Entweder ich rege mich über die Hilflosigkeit und all die Verantwortlichen von damals auf oder ich lasse den daraus entstandenen

Schmerz los. Beides steht mir frei. Natürlich habe ich mich schon lange für das Loslassen entschieden, das wird dich nicht überraschen aber trotzdem habe ich immer noch die Wahl. Ich könnte mich für den Schmerz entscheiden. Die Frage lautet nur: Wofür? Sich für den Schmerz zu entscheiden ist nicht ratsam. Du kannst immer noch auf deinen Ex-Partner böse sein, weil er dich vor Jahren betrogen hat. Ja, es steht dir frei. Du kannst, wenn du willst aber was bringt es dir? Stell dir diese Frage mal ernsthaft. Was genau bringt es dir hier und jetzt, in diesem Moment? Zähle zehn wertvolle Vorteile auf. Natürlich wird daraus nichts. Außer einem beengenden Lebensgefühl hast du nichts davon. Hingegen kannst du dich fragen, was es dir bringen könnte, wenn du loslässt. Auf diese Frage gibt es eine Vielzahl von sinnhaften Antworten. Zusammengefasst kämen sie dem Gefühl von Frieden am nächsten. Du kannst hier und jetzt traurig sein, indem du den Schmerz festhältst, den dir dein rücksichtsloser Vater bescherte. Ja, du kannst wütend sein, weil deine Mutter dir nicht ausreichend Liebe und Aufmerksamkeit gab. Du kannst aber was hast du davon? Du weißt, dass Trauer und das gesunde Ausfühlen von Gefühlen wichtig ist. Heilung passiert niemals durch Verdrängung. Aber ist es gut, an etwas festzuhalten, das dir in Wahrheit viel mehr schadet, als hilft? Was hast du davon? Stell dir diese Frage, wenn Gefühle aus der Vergangenheit anklopfen. Du musst nicht jedem die Tür aufmachen. Du darfst sie gerne zu lassen, dafür hast du sie doch. Jede noch so bohrende Verletzung kannst du loslassen. Auch jenen Menschen, die dir wissentlich geschadet haben, kannst du vergeben. Ein Mann mit sehr viel Lebenserfahrung erzählte mir mal von seiner schweren Kindheit. Seine Eltern konnten sich kein Kind leisten und somit kam er ins Heim. Dort wurde er von den Erziehern misshandelt und mehrfach vergewaltigt. Er wurde beispielsweise an einem Heizkörper angebunden, welcher dann stufenweise aufgedreht wurde. Er kam sehr früh mit Dingen in Berührung, die ein Kind nicht im Geringsten verstehen und einordnen kann. Der Mann stand vor mir und machte insgesamt einen sehr fröhlichen Eindruck, weshalb mich seine Erzählung überrumpelte. Zuerst war ich nicht sicher, ob es sich hier um eine Art von Humor handelt, die ich nicht verstehe aber andere Quellen ließen auf seine Ehrlichkeit schließen. Später habe ich sogar erfahren, dass er bei seinen Schilderungen weit untertreibt und der Ausschnitt, den ich zu Ohren bekam, nur ein minimaler aus seiner schrecklichen Vergangenheit ist. Er hätte allen Grund zur Traurigkeit. Er könnte wütend um die Häuser ziehen oder drogenabhängig sein. Der Wunsch nach Vergeltung und tiefer Hass wären hier wahrscheinlich nachvollziehbar. All das steht auch bei ihm zur Auswahl und ich fragte mich, warum er sich nicht dafür entschied. Er war witzig, lebensfroh und brauchte nicht viel zum Glücklichsein.

Er war naturverbunden, sportlich und ernährte sich bewusst. Ich war von seiner Lässigkeit fasziniert und stellte ihm schließlich meine Frage: „Wie schaffst du es, mit so einer harten Vergangenheit glücklich und friedvoll zu sein“? Er gab zurück: „Ich habe allen Tätern vergeben“. Einen Moment lang war es still, ich dachte über die Antwort nach und drei Sekunden später fügte er hinzu: „Und zwar mir zuliebe“. Dieser Nachsatz veränderte meine Sicht auf die Vergangenheit drastisch. Ich erlebte einen Aha-Moment der Extraklasse. Plötzlich ergaben Dinge Sinn, die ich zwar dachte zu verstehen aber nicht wirklich loslassen konnte. Mir wurde bewusst, dass mich nicht die Vergangenheit an sich bekümmert, sondern das Festhalten daran. Nicht das, was ich ursprünglich erlebte, machte mir zu schaffen. Es war mein ununterbrochener Griff danach. Ich wollte den Schmerz nicht gehen lassen, weil ich auf irgendeine Entschädigung wartete. Ich war davon überzeugt, dass dies eine Voraussetzung ist, um fortzufahren. Meine Geschichte mir zuliebe loszulassen kam mir bis dato nicht in den Sinn. Davor ging ich davon aus, dass ich erst abschließen kann, wenn der Gegenpart bereit dafür ist. Wenn er Reue zeigt, sich entschuldigt oder mindestens auf irgendeine Weise büßt, damit er meinen Schmerz versteht. Jedoch zählt das Loslassen meiner Verletzungen zu meinen eigenen Aufgaben. Der Täter hat in Wahrheit nichts damit zu tun. Zumindest nicht hier, jetzt und heute. Mit seinem Gewissen muss er alleine zurechtkommen. Ob er noch eines hat und ob er über seine Tat lacht oder Reue zeigt, ist für das gegenwärtige Loslassen nicht relevant. Bei mir gilt das Gleiche für das Loslassen meiner Geschichte. Verstehe mich bitte richtig. Du sollst dir keineswegs alles gefallen lassen. Wer sich selbst liebt, lässt sich sowieso nicht respektlos behandeln. Kenne deinen Wert und setz dich zur Wehr, wenn es angebracht ist. Damit ergreifst du eigentlich schon einige Maßnahmen, um etwaigen Verletzungen vorzubeugen. Die Chance besteht immer, klar. Aber jemand, der sich selbst nicht liebt, ist grundlegend verwundbar. Sei dankbar für das Leben selbst und wisse, dass du jedem vergeben darfst. Was auch immer du durchleben musstest – Du darfst!

"DIEJENIGEN, DIE ES UNS AM SCHWIERIGSTEN MACHEN, IHNEN ZU VERGEBEN, SIND JENE, DENEN WIR AM EHESTEN VERGEBEN SOLLTEN . . . UND ZWAR UNS ZULIEBE"

Nach der Antwort des Mannes, mit der leidhaften Kindheit konnte ich Menschen, die mich in meiner Vergangenheit verletzt, betrogen oder belogen haben, auf Anhieb verzeihen. Ob der Verantwortliche meiner Wunden Reue fühlt oder sich überhaupt seiner Schuld bewusst geworden ist, war mir ab diesem Zeitpunkt nicht mehr wichtig. Echte Einsicht und eine aufrichtige Entschuldigung wären hilfreich gewesen, um den anfänglichen Schmerz zu bewältigen, keine Frage. Wenn ich mich aber ernsthaft frage, ob ich hier, jetzt und heute eine Entschuldigung benötige, um Dinge loszulassen, die in einer vergangenen Lebensphase stattgefunden haben, muss ich ehrlicherweise verneinen. Ja, auch nach zwanzig Jahren kann eine Entschuldigung schön sein aber bis dahin solltest du doch nicht dein Glück davon abhängig machen oder es aufschieben. Ein aufrichtiger Brief im Postfach kann sich gut anfühlen. Ja, darauf kannst du reagieren wie du willst, wenn du überhaupt willst aber um loszulassen ist der Brief keine Vorraussetzung.

Lass die Vergangenheit ruhen, mehr musst du nicht tun. Klingt einfach, gö? Ist es auch. Zumindest, wenn du verstehst, dass du dir zuliebe vergibst. Bedenke unser kurzes Dasein als Mensch und stell dir vor, wie sich dein Leben gestalten würde, wenn du deinen Fokus nicht mehr auf die ausstehende Entschuldigung von irgendeinem Übeltäter aus vergangenen Zeiten richtest. Das Loslassen unserer Vergangenheit würde die menschliche Weiterentwicklung unweigerlich in Schwung bringen. Unsere Gedanken kreisen viel zu viel um den einst besten Freund, der uns im wichtigsten Moment im Stich gelassen hat. Spricht jemand schlecht über uns, lassen wir uns davon aufhalten. Wir sind nachtragend, obwohl das Reisen mit leichtem Gepäck weitaus angenehmer für uns wäre. Wir schauen in den Himmel und konzentrieren uns ausschließlich auf die eine, düstere Regenwolke in der Ferne. Wir könnten den hellblauen Himmel über uns wahrnehmen aber lassen die bildschönen, weißen Wolken unbeachtet vorbeiziehen. In Wahrheit könnten wir hier und jetzt vergeben. Der Verantwortliche müsste nicht anwesend oder Teil davon sein. Er muss auch gar nichts davon wissen. Es kann heimlich und still in deinem Kopf passieren. Eingangs gestaltet es sich möglicherweise schwierig aber versuch doch mal nur im Gedanken zu sprechen: „Ich vergebe dir und lasse all den Schmerz, den du verursacht hast, los - und zwar mir zuliebe“. Einleitend kann sich das seltsam und verkehrt anfühlen. Wenn du diesen Satz aber täglich zwischen fünf- und zehnmal wiederholst und zwar ein paar Wochen hintereinander, wandern deine Gedanken langsam in Richtung Herz und dort entpuppen sie sich dann als Schlüssel zu echtem Frieden. Im Kopf startest du nur, weil du selbst noch nicht daran glaubst. Noch bist du von deiner Vergangenheit und deren Einfluss auf dein jetziges Leben überzeugt. Aktuell lenkt dich dein Verstand in diverse Einbahnstraßen und darum solltest du ihm langsam neue Ziele anweisen.

Du bereitest dich in gewisser Weise vor und bringst dir, mit Hilfe von dieser Übung, selbst eine Wahrheit näher, die du ansonsten sofort ablehnen würdest. Wiederhole den Satz so oft wie du es für richtig hältst: „Ich vergebe dir und lasse all den Schmerz, den du verursacht hast, los - und zwar mir zuliebe". Wenn dir das direkte Vergeben aus dem Herzen schwerfällt, kann es dir helfen im Kopf zu starten. Das Gefühl von Kontrolle kann dir den ersten Schritt ermöglichen. Es ist kein großer Schritt aber hierbei geht es nur darum, den Fuß in die Tür zu bekommen. Nicht jeder ist einfach mal so nebenbei frei von Angst und handelt mir nichts, dir nichts direkt aus dem Herzen heraus. Deswegen finde ich es legitim, wenn du den allerersten Mini-Schritt mit Hilfe des Gefühls von Kontrolle machst. Meiner Denke nach ist sie eine Illusion aber wenn sie dir helfen kann, nutze sie zu deinen Gunsten. Arbeite da, wo du bist, mit dem, was du hast, um zu erreichen, was du willst. Lass dir nicht einreden, dass du nach Perfektion streben und von Anfang an alles fehlerfrei machen musst, um gut genug und wertvoll zu sein. Ich weiß, dass so ein Gedanke in gewissen Szenen vorherrscht. Leider sind die (An)Forderungen in manchen Kreisen oft schwer zu erkennen, weil sie nahezu makellos verpackt sind. Du darfst deinen

Verstand verwenden, um den allerersten Mini-Schritt in Richtung Herz zu machen. Dein Verstand ist nicht der böse Feind, den es zu bekämpfen gilt. Er wurde dir nicht umsonst geschenkt also nutze ihn lieber zu deinem Vorteil. Was auch immer hier und jetzt nötig ist, um ins Herz zu kommen, wo du letztlich vergeben kannst, mach es. Verwende die aktuell vorhandenen Werkzeuge und konzentriere dich dabei auf das Ziel der Freiheit. Die vollkommene Ablehnung des Verstandes ist, meiner Erfahrung nach, kein Fortschritt, sondern ein Irrtum und in vielen Fällen erst der Grund für das aussichtslose Laufen im kleinen Kreis. Mach dich endlich frei und versuche es gerne fünf- bis zehnmal pro Tag: „Ich vergebe dir und lasse all den Schmerz, den du verursacht hast, los - und zwar mir zuliebe“.

Du brauchst deinen Fuß nur in der Tür, damit du in den Geschmack des Loslassens kommst. Wenn du nur einen klitzekleinen Einblick in die Befreiung durch das eigene Vergeben bekommst, kannst du das Gefühl der Kontrolle sofort ablegen. Du wirst kein Verlangen mehr danach haben und nicht mehr daran festhalten können, weil es dir nicht im geringsten Maße sinnhaft erscheint. Radikale Vergebung kann Wunder bewirken. Unerheblich, ob es sich dabei um die beste Freundin dreht, die einst ein wichtiges Geheimnis verraten hat. Du kannst und darfst ihr, dir zuliebe, vergeben. Du bist nicht gezwungen sie wieder zu treffen aber du darfst vergeben. Dasselbe gilt für den überforderten Elternteil, der es verabsäumt hat, dir die nötige Liebe in Kindestagen zu geben. Auch dem Menschen, der dich am allermeisten enttäuscht hat, kannst und darfst du vergeben. Du musst und wirst höchstwahrscheinlich nicht vergessen aber du solltest zur richtigen Zeit vergeben – und zwar dir zuliebe.

Der ruinierte Ruf macht frei doch vorher wird er zum Geschrei

Patrizias Geschichte ist kurz, jedoch stellt sie die Notwendigkeit der radikalen Vergebung in aller Deutlichkeit zur Schau. Durch eine gemeinsame Freundin haben wir uns damals kennen gelernt. Als junge Frau stand Patrizia mitten im Leben. Sie hatte keinen Partner und lebte ein frivoles Sexleben, mit welchem sie ständig prahlte. Da sie in einer Firma als Teamleiterin arbeitete, stand sie finanziell gut da. Sie liebte es auch im Privatleben im Mittelpunkt zu stehen und war stark verunsichert, wenn das mal nicht der Fall war. Sie lernte die Menschen aus meinem Freundeskreis kennen und umgekehrt. Bei einem der ersten Treffen tauschten wir unsere Handy-Nummern aus. Patrizia fiel überall auf, lachte viel, war laut und immer unterwegs. Ihr Verhalten war jedoch eine Maske, die sie schon sehr lange trug. Wir lernten uns besser kennen und nach ein paar Unternehmungen mit unseren Freunden, trafen wir uns oftmals alleine. Wir führten interessante Gespräche und erzählten uns gegenseitig von den Themen, die uns bewegten. Mit den Monaten baute sich allmählich Vertrauen auf und so öffnete sie sich mir gegenüber nach und nach. In 50 Prozent aller Fälle behandelten unsere Gespräche ihre narzisstischen Eltern. Beide, sowohl ihre Mutter, als auch ihr Vater, trieben sie in den Wahnsinn. Patrizia meinte, dass sie niemals so einen schlechten Ruf hätte, wenn sie ihre Eltern anders erzogen hätten. Nachdem ich sie fragte, was sie denn genau meint, erzählte sie mir von ihrer Promiskuität. In ihrer Firma wüsste so gut wie jeder darüber Bescheid. Sie hatte mehrmals Sex mit verschiedensten Arbeitskollegen und da einige davon eigentlich in einer festen Beziehung waren, kam die Sache irgendwann ans Licht. Patrizia war das Gesprächsthema Nummer eins und das über ein paar

Jahre hinweg. Ich habe sie als eine Frau kennengelernt, die mit ihrem freizügigen Sexleben angibt und versuchte daher ihr Problem zu erfragen. Sie legte nämlich immer viel Wert darauf, dass sie als die junge, unabhängige Frau mit vielen, verschiedenen Sexpartnern bekannt ist. Zwischen dem privaten und dem beruflichen Leben machte sie kaum einen Unterschied und daher wunderten mich ihre Bedenken in Bezug auf ihren Ruf. Sie erzählte mir von einem Video, welches sie beim Sex mit einem Regionalleiter zeigen soll. Sie hat es selbst nie gesehen, kennt aber die Gerüchte darum. Von der Existenz des Videos ging sie jedoch stark aus, da sie bei ihren männlichen Kollegen oftmals erwähnte, dass sie gerne mal von einem Dritten gefilmt werden würde. Außerdem hatte sie mit dem Kollegen, welcher mit ihr im Video zu sehen sein soll, schon des Öfteren geschlafen. Nach einer lustigen Firmenfeier ging die Party in einer großen Privatwohnung weiter und da hat sich das Ganze dann zugetragen. Wie so oft war Patrizia betrunken, die Hemmschwelle niedrig und so machte es ihr auch nichts aus, dass ein Kollege ins Schlafzimmer reinplatzte und mit seinem Handy zu filmen begann. Dass das später zum Problem wird, ahnte sie noch nicht. Eine ihrer Wunschvorstellungen, von der sie in der Firma stets sprach, ging schließlich in Erfüllung. Die Aufnahme lief nur eine knappe Minute, weil der Typ mit dem Handy selbst vollkommen zugedröhnt war. Die Nacht verging und Patrizia wachte verkatert zu Hause in ihrem Bett auf. Sofort schoss ihr das gestrige Szenario ein. Sie zückte ihr Handy und wählte die Nummer von ihrem Kollegen, mit dem sie geschlafen hatte. Der ging nicht ran und so versuchte sie den Kollegen zu erreichen, der sie mit seinem Handy filmte. Er meinte, dass die Aufnahme total verwackelt und niemand wirklich zu erkennen sei. Zusätzlich versprach er, dass er sie sofort gelöscht hat. Einen Tag darauf machte sich Patrizia auf den Weg in die Firma. Sie war mit dem Auto unterwegs aber ihr Ruf eilte ihr Voraus. Von den weiblichen Kollegen wurde sie bereits beim Einparken des Autos mit abfälligen Blicken begrüßt. In den Pausen unterhielten sich die meisten über Patrizias Eskapaden auf der Homeparty. Das Gerücht mit dem Video verbreitete sich wie ein Lauffeuer. Einige meinten, dass sie das Video gesehen haben. Angeblich sollten sie das jedoch strikt verneinen, falls Patrizia danach fragt. Bislang urteilte man hinter vorgehaltener Hand über ihr übertriebenes Sexleben. Die Geschichte mit dem Video brachte das Fass aber zum Überlaufen. Patrizia erzählte mir, dass sie sich durch den stetigen Wechsel ihrer Sexpartner bestätigt und geliebt fühlte. Bei den männlichen Kollegen war sie heiß begehrt und das gab ihr das Gefühl von Anerkennung. Vorallem die vergebenen Männer erfreuten sich an ihrer Sexlust, weil sie schwieg, wie ein Grab. Ihr selbst waren die vergebenen Typen am allerliebsten. Das erzählte sie mir schon sehr früh, ganz stolz. Mit einem Single zu schlafen machte ihr Spaß, mit einem vergebenen Mann noch viel mehr, da sie sich dadurch wertvoller als seine Partnerin fühlte. Das Gerede über ihr angebliches Video wurde aber lauter und die Gerüchte kletterten in die Chefetage. Patrizia fürchtete nun ihren Job zu verlieren. Sie wurde zu einem Gespräch geladen, indem sie sich zu den Gerüchten äußern solle. Im besagten Video soll die Firmenuniform zu sehen sein und das könnte zu erheblichen Image-Schäden in der gesamten Branche führen. Eine von Patrizias Vorgesetzten behauptete anfänglich, das Video gesehen zu haben und forderte sie zum Geständnis auf. Patrizia wusste nicht, ob es sich dabei um einen Bluff handelt. Sie setzte alles auf eine Karte und stritt sämtliche Anschuldigungen vehement ab. Beim Gespräch kam es zu keinem klaren Ergebnis. Sie behielt ihren Job. Das einzige womit sie zurechtkommen musste, war ihr Ruf. Sie verlor ein großes Stück ihrer Autorität. Zuvor war sie die anerkannte Teamleiterin. Nach der Geschichte mit dem Video wurde sie nur noch verspottet. In der Kantine machten die Kollegen einen großen Bogen um sie. Die Lage besserte sich zwar nach einiger Zeit doch das viel größere Problem bahnte sich erst an. Patrizias Eltern bekamen Wind von der Sache und das war für sie schlimmer, als alles andere. Der Ruf nahm ihr bereits die Freude an ihrem Job aber was ihr noch mehr zu schaffen machte, war das Image ihrer Eltern. Noch bevor sich Patrizia dazu äußern konnte, wurde sie von ihrem cholerischen Vater verurteilt und wüst beschimpft. Er gab ihr nicht einmal die Chance, sich zu erklären. Die Mutter bestrafte sie wie gewohnt, mit wochenlangem Schweigen. Sie kommunizierte ihre Verachtung stillschweigend. Kein einiziges Wort kam aus ihrem Mund. Das hat sie immer schon so gemacht. In ihrer Kindheit hat Patrizia gelernt, dass die Kombination dieser beiden Reaktionen mit striktem Liebesentzug gleichzusetzen ist. Früher gab es noch extra ein paar Schläge mit dem Gürtel obendrauf. Heute, viele Jahre später, reicht emotionale Bestrafung völlig aus, um Patrizia wieder in Stellung zu bringen. Sie richtete sich immer nach den Vorstellungen ihrer Eltern und fühlte sich, ohne strikte Anweisungen orientierungslos. Der Kontrollwahn der Eltern ließ aber keinen Kontaktabbruch zu und somit einigten sich alle darauf, nicht mehr über das Thema mit dem Video zu sprechen. Patrizia war weitgehend beruhigt, verringerte ihre Arbeitszeiten und begann ihr gesamtes Verhalten zu hinterfragen. Als ich sie fragte, ob das Thema wirklich nicht mehr aufkam, gab sie mir zu verstehen, dass es den Eltern lediglich um den sicheren Arbeitsplatz und deren eigenen Ruf ging. Keine Sekunde dachten sie an die psychische Belastung ihrer Tochter. Sie fragten sich auch nie, weshalb Patrizia so handelt, wie sie handelt. Ihnen war wichtig, dass sie ein Leben führt, welches nicht ihr selbst, sondern ihnen gefällt. Das Video an sich war gar nicht so das Thema. Viel wichtiger war ihnen das eigene Ansehen. „Was sollen denn die Leute jetzt von deiner Mutter und mir denken“, fragte der zornige Vater. Später meinte die Mutter: „Du ziehst unsere Familie in den Dreck, schäm dich“. Ob die Geschichte mit dem Video überhaupt der Wahrheit entspricht, haben sie nie gefragt. Patrizia war mittlerweile selbst der Meinung, dass die Aufnahme gar nicht existiert. Ansonsten wäre sie an irgendeiner Stelle aufgetaucht. Alles was blieb, war ein riesiger Haufen voller Scham- und Schuldgefühle. Als ich diese Geschichte zu Ohren bekam wusste ich sofort worum es eigentlich geht. Patrizia muss lernen loszulassen. Wir sprachen einige Male darüber und sie fragte mich, was sie eigentlich loslassen soll. Ich erzählte ihr von dem Beispiel mit dem unsichtbaren Rucksack und gab ihr zu verstehen, dass sie selbst einen riesigen Fehler macht. Du weißt wahrscheinlich schon worauf ich hinaus möchte. Ja, es geht um die Idee. Nämlich jene, dass Patrizia und ihr Ruf ein und dasselbe sind. Nach einigen Gesprächen und stetiger Wiederholung meinerseits, fing sie an die Problematik zu verstehen. Auf die Frage, was sie denn aus ihrer Vergangenheit löschen würde, wenn sie könnte, nannte sie die Anzahl ihrer wechselnden Geschlechtspartner. Sie erwähnte eine Zahl, welche sie drastisch minimieren wollen würde. Mein Versuch ihr gut zuzusprechen fruchtete nicht. Ich erklärte ihr, dass sie, unabhängig von ihrer Geschichte, wertvoll und liebenswürdig ist. Sie sehnte sich aber nach harten Fakten und konnte mit Seelen-Balsam-Sprüchen nichts anfangen. Nach längerem Hin und Her fragte ich sie also: „Woher soll ich wissen, ob du mir die Wahrheit erzählst"? Patrizia reagierte verwirrt: „Was meinst du jetzt genau"? Daraufhin antwortete ich im frechen Ton: „Ganz ehrlich, ich habe dich als junge, sympathische und lebensfrohe Frau kennengelernt. Dass du all das gelebt hast, was du mir da erzählst kann ich jetzt glauben oder auch nicht. Hätte mir irgendein anderer davon erzählt, dann hätte ich ihm niemals geglaubt. Meine Menschenkenntnis ist ziemlich gut und das, was du da von dir gibst, klingt überhaupt nicht nach dir. Zumindest stimmt es mit dem Bild, welches ich von dir habe, nicht im Geringsten überein. Ich sage dir wie es ist. Ich habe keine Ahnung wofür du das machst aber ich glaube dir kein Wort". Patrizia war perplex und meine Reaktion überraschte sie sehr. Ich verstand ganz genau worum es ihr eigentlich geht und welchem Leidensdruck sie schon lange ausgesetzt ist. Ich weiß wie drückend es sich anfühlen kann, wenn einen die Vergangenheit fesseln möchte. Nach etlichen Gesprächen kam es aber nie zu einem deutlichen „Klick" und daher ging ich die Sache anders an. Wir führten den Dialog weiter und ich blieb bissig: „Ich kenne deine Märchen doch schon. Ohne Scherz, die passen nicht zu der echten Patrizia aber für Beweise bin ich gerne offen. Hör auf zu schildern und beweise mir, dass du die Wahrheit sprichst“. Patrizia war provoziert: „Na, wie soll ich dir das bitte beweisen? Es ist ja nicht so, dass ich stolz darauf bin. Ich würde das alles ja gerne vergessen“. Ich unterbrach sie mitten im Satz: „Kannst du deine Märchen beweisen“? Patrizia wurde etwas lauter: „Wie bitte soll…“. Ich übertönte sie und unterbrach erneut: „Ja oder nein?“ und daraufhin atmete sie nur noch laut aus. Sie starrte auf den Boden und war wütend. Meine Harschheit war schon grenzwertig, das spürte ich ganz stark. Trotzdem wusste ich, dass ich nun noch einmal nachlegen muss, um Patrizia ins Jetzt zu reißen: „Angenommen du hast Recht und erzählst die Wahrheit. Warum habe ich nicht das Recht dazu, dich so kennenzulernen, wie du eigentlich wirklich bist? Für mich bist du die offenherzige Patrizia mit viel Lebenserfahrung und starker Persönlichkeit. Warum versuchst du mir irgendeine veraltete Version von dir zu verkaufen? Habe ich dir irgendwas getan“? Sie lehnte ihren Kopf zurück, schüttelte ihn und runzelte die Stirn. Ich setzte nach: „Nein? Wie nein? Ich möchte wissen, was ich dir getan habe, antworte bitte ausführlicher“. Ich machte einen soliden Eindruck und strahlte Ernsthaftigkeit aus. In Wahrheit war ich innerlich angespannt und nervös, weil ich nicht wusste, ob diese Taktik angemessen ist und ich damit einen schrecklichen Fehler mache. Patrizia hielt aber generell viel aus und darum war der Versuch meinerseits zwar riskant aber wichtig. Sie wirkte bestürzt doch meine Sichtweise rüttelte sie wach. Mit ihrer Aufmerksamkeit war sie definitiv im Hier und Jetzt. Ich warf ihr einen fordernden Blick zu und sie äußerte sich zu meiner letzten Frage: „Um Gottes Willen, du hast mir nichts getan. Bei dir kann ich endlich so sein, wie ich wirklich bin. Ich fühle mich immer wohl, wenn wir uns treffen. Meine Märchen sind keine, denn sie entsprechen der Wahrheit. Ich lüge nicht aber es stimmt, ich kann nichts beweisen“. Sie war wieder entspannter und ich erleichtert. Ich rieb mir die Augen, um Erschöpfung vorzutäuschen. Nach einem lauten Seufzer sah ich ihr in die Augen und sprach: „Ja, du hast viel Unschönes erlebt aber willst du dieses Riesentheater nicht endlich hinter dich bringen? Deine Augen strahlen so schön, wenn wir Dinge unternehmen und du gerade nicht an deine Vergangenheit denkst. Du bist jung, witzig, empathisch und in das Leben verliebt. Das weiß jeder, der dich kennt. In jeder Sekunde strahlst du pure Freude aus. In meinem Freundeskreis bist du immer gern gesehen, weil du das sagst, was du denkst und niemanden für irgendwas verurteilst. Du bist ein wunderschöner Mensch und siehst noch dazu gut aus. Worauf wartest du bitte? Du bist eine starke Frau, das hast du zigmal bewiesen und mit deiner Vergangenheit solltest du genau das tun, was all die Energievampire um dich herum nicht schaffen. Du solltest sie loslassen und zwar heute, hier und jetzt“. Patrizia ging nicht nur ein Lichtlein, sondern eine ganze Sonne auf. Unsere darauffolgenden Gespräche fanden auf einer ganz anderen Ebene statt. Sie verstand, dass es ihr zusteht, die Vergangenheit loszulassen. Auf diese Idee kam sie zuvor nicht, weil sie an jeder Ecke an ihre Geschichte erinnert wurde. Dass sie sich bis an ihr Lebensende schämen muss, entsprach der Geisteshaltung ihrer Eltern, das wurde ihr klar. Sie liebt sowohl ihren Vater, als auch ihre Mutter aber deren kurzsichtige Ratschläge nimmt sie nicht mehr all zu ernst. Auch hält sie einen gesunden Abstand ein, damit sie von vorgefertigten Lebensentwürfen verschont wird. Sie nutzte die HHH-Methode und kam drauf, dass ihr die berufliche Laufbahn stets von der Mutter auferlegt wurde. Diese wollte immer eine Tochter haben, mit der man in der Nachbarschaft angeben kann. Je höher das Gehalt und der Status in der Firma desto höher das Ansehen der Familie. Nun war Patrizia aber selbstbewusster, entschlossen und mutig. Ihr Lebensgefühl transformierte sich zum Positiven und das strahlte sie auch aus. Dadurch zog sie langsam aber doch Menschen an, die auf einer ähnlichen Wellenlänge tanzen. Aus ihrem alten Umfeld blieben nur die liebevollsten Begleiter. Zu allen anderen schwindete der Kontakt allmählich. Dass ihre Arbeitskollegen an Geschichten festhalten, die im gegenwärtigen Moment nicht wirklich exisitieren, deutete Patrizia fortan als Schwäche. In gewisser Weise hatte sie Mitleid mit ihnen, denn ihr wurde klar, dass diese Menschen sich nicht anders benehmen können, da sie sich im klebrigen Netz der Vergangenheit verfangen haben. Sie verpassen das halbe Leben, weil sie ihre Aufmerksamkeit auf Bereiche richten, die sie an Ort und Stelle stagnieren lassen. Später nahm Patrizia (trotz der Rebellion ihrer Eltern) sowieso einen erfüllenderen Job in einer ganz anderen Branche an. Dort konnte sie quasi neu starten, ihrer Kreativität wieder freien Lauf lassen und der Entfaltung ihres individuellen Seins reichlich Platz machen. Der ausschlaggebende Dialog mit mir war nur der Tropfen auf dem heißen Stein. Patrizias Schmerz hatte sich angestaut und war mittlerweile groß genug, um sie in Bewegung zu bringen. Meine Worte waren glücklicherweise der Auslöser für das folgende Handeln aber die Stärke, der Mut und der eiserne Wille zur Veränderung zählen in Wahrheit zu Patrizias Stärken. Nur sie selbst hat das Ruder umgerissen und das weiß sie auch. Sie hat sich ihre Geschichte genau angeschaut und ihr wurde bewusst, dass sie jeden einzelnen Tag die Möglichkeit hat, einen neuen Lebensabschnitt einzuleiten. Sie begann ihr eigenes Lebensbuch mit gestärktem Selbstwertgefühl und gesunder Selbstliebe zu schreiben. Das war machbar, weil sie sich jede noch so unangenehme Erfahrung aus der Vergangenheit verziehen hat. Patrizia selbst hat diese Wahl getroffen, kein anderer. Letztlich war es das eigene Verständnis über ihr Recht auf ein glückliches Leben voller Spaß, Freude und Frieden. Sie hat sich dafür entschieden, nicht nur ihren Eltern, sondern auch all den giftigen Energievampiren rundherum zu vergeben – und zwar ihr zuliebe.

Zurück zu den Wurzeln

Ich möchte kurz einen Punkt erwähnen, der mich vom aktiven Handeln lange abgehalten hat. Da er in alle Lebensbereiche hineinwirkt, könnte er auch in das Kapitel mit dem richtigen Umfeld passen. Es geht dabei um folgende Aussage: „Vergiss niemals wo du herkommst“. Diese bekam ich in meinem alten Umfeld sehr oft zu hören. Nicht nur mir gegenüber, sondern allgemein wurde diese Parole oft als Ausrede verwendet. Es kann edel sein, wenn man seine Wurzeln liebt und ehrt aber in meiner Vergangenheit war die Schlussfolgerung daraus zweifelsohne eine sinnwidrige. Die Menschen in meinem damaligen Umfeld legten die Aussage: „Vergiss niemals wo du herkommst“, falsch aus. Meiner Ansicht nach meint dieser Spruch die ursprüngliche Quelle aus der wir kommen. Jene, mit der wir alle verwurzelt sind. Oder aber den Punkt an dem unsere Reise einst tatsächlich startete. Jenseits der physischen Welt wie wir sie wahrnehmen. Möglicherweise ist beides dasselbe, ich weiß es (noch) nicht. Was ich aber weiß ist, dass die falsche Auslegung dieser Aussage für Schwermut sorgen kann. Schon in jüngsten Tagen wurde mir von allen Seiten suggeriert, dass persönliches Wachstum dem Verrat meiner eigenen Wurzeln gleichkommt. Immer dann, wenn ich versucht habe die Ursache unserer Probleme zu erforschen, wurde ich schief angeschaut. Kam ich mit Erkenntnissen, Ideen und Lösungsansätzen angetanzt, wurde ich stur abgewiesen. Wahrscheinlich kennst du das selbst. Es gibt Themen und vorallem Fragen, die du nicht jedem zumuten kannst. Du willst dir deine Motivation behalten und überlegst dir, wo du welchen Teil deiner Gedanken preisgibst. Einige können mit neuen Ansichten nicht umgehen und werten jeglichen Hinweis auf Heilung als persönlichen Angriff. Sie haben es ncht anders gelernt und verhindern ihre eigene Entfaltung, im Glauben die richtigen Werte zu vertreten. Sie sind süchtig nach ihrer Vergangenheit und befürchten eine nüchterne Dürre. Der stolze Slogan lautet: „Damit ich niemals vergesse, wo ich herkomme, bilde ich eine giftige Symbiose mit meiner quälenden Vergangenheit und halte die üblichen Probleme aufrecht“. Tatsächlich war das in meiner Vergangenheit bei den allermeisten Menschen der Fall.

Mein Umfeld bestand zu 95 Prozent aus Energievampiren. Das gemeinsame Trotten im Kreis wurde mit Loyalität verwechselt. Wer nach einem Ausweg suchte, wurde verschmäht und geächtet. Mit solchen und ähnlichen Slogans bin ich aufgewachsen. Bevor ich die Initiative zu meiner Befreiung ergriff, fragte ich mich tatsächlich, ob ich meine Vergangenheit loslassen kann, darf, soll. Ich war stark verunsichert. Auf der einen Seite wies meine langjährige Analyse unanfechtbar darauf hin, dass mich Heilung erwartet, wenn ich meine Vergangenheit loslasse. Auf der anderen Seite fühlte ich mich wie ein Verräter, wenn ich nur im Ansatz daran dachte. Zum Glück entschied ich mich letzten Endes für die Freiheit. Der Wunsch nach der eigenen Entfaltung setzte sich durch - spät aber doch. Alles andere wäre in Wirklichkeit Eigenverrat gewesen. In Wahrheit spiegelten derartige Werte, welche gegen ein selbstbestimmtes Leben wirken, zu keinem Zeitpunkt meine eigenen wieder. Wir kommen in diese Welt und stolpern erstmal in ein vorgefertigtes Leben, welches andere uns vorgeben. Im Grunde ist unser Bewegungsspektrum nur eine Idee und zwar eine übernommene. Diese Erkenntnis kann dich aus deiner veralteten Realität förmlich herauskatapultieren und dich umgehend zum aktiven Erschaffen veranlassen. Viele Menschen machen diese Erfahrung und sprechen im Nachhinein von zwei Leben. Das alte, in dem sie quasi blind in einem Käfig dahinschlichen und das neue, in dem sie sich ihrer Schöpferkraft gewahr wurden und davon Gebrauch machen. Wenn du erfolgreich losgelassen hast und sich dein Lebensgefühl entsprechend transformiert, erscheint dir deine Vergangenheit wie eine holografische Version aus einer Parallelwelt. Eine, die du nicht mehr greifen kannst, weder mit den Händen, noch mit deinen Gedanken. Du kannst dich erinnern aber veraltete Slogans nicht mehr im Geringsten vertreten. Selbst, wenn du es um der „guten" alten Zeiten willen versuchst. Du hast die Fesseln deiner Vergangenheit entzaubert und kennst die trügerischen Tricks. Dies ist deinem neuen Bewusstsein zu verdanken. Es lässt dich nicht mehr fragen, ob du deine Wurzeln verrätst, wenn du dich für das Loslassen deiner Vergangenheit entscheidest. Es lässt dich wortlos wissen, dass du sogar loslassen musst, um herausfinden zu können, wo du wirklich herkommst. Was ich dir unbedingt mitgeben möchte ist ein riesiges Paket voller Zuversicht. Lass dir nicht weismachen, dass es dir nach dem Aufschlagen eines neuen Kapitels nicht mehr gestattet ist, Hobbys aus deiner Jugendzeit wieder aufzunehmen. Loslassen bedeutet nicht, dass du Menschen aus deinem alten Umfeld nie wieder treffen darfst. Es braucht nur einen gesunden Abstand und dieser gestaltet sich bei jedem individuell. Manche Umgebungen meidest du ein einziges Jahr, andere vielleicht lieber fünf. Du erinnerst dich an das Beispiel mit Anna. Während ihrer Drogensucht wurde sie beim Feiern auf diversen Festivals, von der Musikrichtung Drum`n`Bass begleitet. Um die Vergangenheit und all das was damit einhergeht loslassen zu können, beschloss sie, diese Musikrichtung nicht mehr zu konsumieren. Anna asoziierte den Rhythmus dieser Art von Musik mit dem Konsum von Drogen. Die Erinnerungen daran waren zu stark und erzeugten Unmut. Anna erkannte das Problem, hielt den nötigen Abstand ein und blieb konsequent. Sie war generell zielstrebig und schaffte es daher auch loszulassen. Danach konnte sie wieder Musik aller Art hören, ohne sich dabei selbst im Weg zu stehen. Wenn du dich für das Weiterblättern deines Buches entscheidest, dann verrätst du deine Wurzeln nicht. Im Gegenteil, du erkundest sie. Wie sieht es hierbei mit deinem Spiegelkind aus? Gerade bei der Frage um die Erlaubnis zum Loslassen eignet sich die Spiegelkind-Methode perfekt. Darf Lea den Wohnort wechseln und sich für ein paar Jahre von jenen Mitmenschen distanzieren, die sie ständig an ihre Vergangenheit erinnern? Natürlich darf sie das, du weißt das. Verrät sie sich selbst, wenn sie nach dem Loslassen ihrer eigenen Geschichte strahlend, glücklich und voller Freude zurückkommt? Hat Lea ihre Wurzeln tatsächlich vergessen oder konnte sie überhaupt erst durch die Distanz das werden, was sie eigentlich schon immer war? Du kennst die Antworten, wenn sie ihre Reise tatsächlich mit guter Absicht bestreitet, sich von den übernommenen Ideen, welche nicht ihrem Naturell entsprechen, frei macht und bereit ist, schmerzliche Erfahrungen loszulassen. Lea schreibt ihr eigenes Buch und darf zurückblättern. Du darfst zurückblättern! Ja, du darfst Kontakt zu Menschen aufnehmen, die du lange nicht gesehen hast. Auch zu denen, die selbst zu wenig Mut hatten und dir anfänglich unterstellten, dass du dich, wegen deinem Streben nach echter Freiheit, für etwas Besseres hältst. Du darfst auch mit jenen in Kontakt treten, die dir wehgetan haben. Du musst nicht, aber du darfst, wenn du willst, weil du aufgrund deines neuen Bewusstseins kannst. Viele haben Angst, dass sie beim Loslassen der Vergangenheit etwas Wertvolles aufgeben. Sei dir gewiss, dass dem nicht so ist. Hab Vertrauen und sei risikofreudig. Es kommt dir zugute! Vergleiche es mit einem Arbeitsplatz, der dir nicht gefällt. Du könntest daran festhalten, die verlorenen Lebensstunden dulden und die schlechte Bezahlung akzeptieren, weil du fälschlicherweise davon ausgehst, dass die Kündigung ein Verlust für dich wäre. Was sich hinterher jedoch als wahr herausstellt ist, dass du die ganze Zeit über an etwas festgehalten hast, das dich festgehalten hat.

"WER LOSLÄSST, HAT BEIDE HÄNDE FREI
UND WER BEIDE HÄNDE FREI HAT, KANN NACH NEUEM GREIFEN"

Lass dich also nicht verunsichern. Weder von Menschen mit selbstzerstörerischen Wertesystemen, noch von deinem programmierten Verstand. Reise ohne Zwang, wisse, dass ein gewisser Abstand unabdingbar ist und du sehrwohl wieder mit den Dingen aus deiner Vergangenheit interagieren kannst, ohne dich dabei rückwärts zu entwickeln. Dein neues Bewusstsein lässt dies ohne Zweifel zu, weil es dich in die Welt der Selbstliebe getragen hat. Destruktives Verhalten ist nur möglich, wenn wir die Verbindung zu uns selbst abkappen. Das gesunde Loslassen unserer Vergangenheit erzeugt genau das Gegenteil. Du musst also niemanden nach Erlaubnis fragen. Dir selbst etwas zu verbieten käme wiederum dem Verhalten des vorherigen Nichtloslassens gleich. Schau lieber, dass du deine Vergangenheit und all die auferlegten, dogmatischen Regeln wirklich loslässt. Ein engstirniger Standpunkt lässt dich nicht frei reisen. In deinem Gedankensystem sollte jede Menge Platz für neue Sichtweisen sein. Eine Überzeugung von heute kann morgen schon kippen. Sei dir bitte stets gewiss, dass es nicht bedeutet, deine Wurzeln zu vergessen nur, weil du vorhast, einen großen Schritt in Richtung Heilung zu machen. Diese geht unweigerlich mit dem Loslassen deiner schmerzlichen Vergangenheit einher. Lass dich nicht irritieren. Schon gar nicht von jenen Leuten, die dein Vorhaben noch nicht einmal angedacht haben, weil sie sich noch immer in der giftigen Symbiose mit ihrer Geschichte befinden. Strebe nach einem Leben voller Spaß, Freude und Glück. Wenn du als Verräter deiner Wurzeln betitelt wirst, weil du dich für die wundersame Freiheit entscheidest, dann ist das ok. So ein Vorwurf sollte dich niemals aus der Bahn werfen. Praktisch sollte er dich motivieren, weil er die klebrige Verfangenheit des Klägers aufzeigt. Genau jene, die du ein für alle Mal loswerden willst. Lass dich nicht verunsichern, sondern wisse, dass du mutig bist. Du kannst mit Sicherheit stolz auf dich sein.

FAZIT

- Übernimm Eigenverantwortung, hör auf Ausreden zu suchen & stehe zu deinen Fehlern.
- Sei ehrlich zu dir selbst & vergib dir dein vergangenes Fehlverhalten.
- Schätze deine Fehler & lerne aus ihnen, sodass du sie nicht wiederholst.
- Bitte Menschen, die du verletzt hast, aufrichtig um Verzeihung.
- Befreie dich von schmerzlichen Erfahrungen indem du jenen vergibst, die dir wehgetan haben.
- Mach es dir zuliebe.
- Verabschiede dich von deiner alten Version mitsamt deinen übersteigerten Scham- & Schuldgefühlen. Im kommenden Kapitel haben sie keinen Platz mehr.
- Du darfst dich verändern & weiterentwickeln, um das Beste aus dir & deinem Leben zu machen.

Danke

Ich möchte dir danken. Wie du nun weißt, denke ich, dass die menschliche Weiterentwicklung, durch den richtigen Umgang mit unserer schmerzlichen Vergangenheit, in Schwung gebracht werden kann. Verändere dich selbst, dann veränderst du die Welt. Wir müssen uns selbst besser verstehen, damit wir uns und somit die Welt verändern können. Genau das machst du mit dem Lesen von Büchern wie diesem und dafür möchte ich dir aus tiefstem Herzen danken. Wenn dir einer von den fünf Schritten als Denkanstoß gedient hat, bin ich glücklich. Das Loslassen der eigenen Vergangenheit kann sich schwierig gestalten, wenn man nicht weiß wo und wie man ansetzen soll. Es erfordert Mut, Risikobereitschaft, Vertrauen und Hingabe. Dass du dich mit diesem Thema beschäftigst, ist erachtlich. Du darfst dir ruhig Mal selbst auf die Schulter klopfen und den nicht existenten Rucksack abnehmen. Beim Durchwühlen wünsche ich dir viel Spaß. Hab Freude beim Aussortieren, entsorge sukzessiv und gezielt. Wenn du jemanden kennst, für den dieses Buch interessant sein könnte, reiche es gerne weiter. Wir können uns ruhig gegenseitig unterstützen und unser Dasein somit auf eine höhere, gesündere Ebene heben. So viele Menschen wie möglich auf ihren unsichtbaren Rucksack hinzuweisen,

ist mein Anliegen. Ich denke, dass du dieses teilen wirst, sobald du deine Vergangenheit losgelassen hast. Spätestens dann, wenn du das Freiheitsgefühl ganzheitlich erfahren hast, wirst du den Drang nach friedvoller Aufklärung verspüren. Zuerst sollst du dich aber ausschließlich auf dich konzentrieren. Du darfst das und es steht dir, unabhängig von irgendwelchen Meinungen, zu. Aus tiefstem Herzen hoffe ich, dass dir meine Worte zu mehr Bewusstheit, Motivation, Kraft und Mut verholfen haben.
Lache laut und so oft du kannst, sieh zu, dass du stets in deinem eigenen Tempo agierst und reiche deinem Spiegelkind die Hand, wann immer du magst. Auf chinesisch bedeutet „Vergangenheit loslassen" übrigens 放开过去. Was dir das jetzt bringen soll, weiß ich ehrlich gesagt nicht. Ich habe keine Ahnung, aber wollte es erwähnt haben. Wer weiß, vielleicht brauchst du es ja irgendwann einmal. In diesem Sinne wünsche ich dir viel Spaß, echtes Glück, unendliche Freude und noch unzählige „HaHaHa-Momente".

Impressum:

© Copyright 2019

Autor: Michael Repkowsky
Postfach: Meißnergasse 4-6/5/13 1220 Wien
E-Mail: m.repkowsky@icloud.com

Das Werk, einschließlich seiner Teile, ist urheberrechtlich geschützt. Jede Verwertung außerhalb der engen Grenzen des Urheberrechtsgesetzes ist ohne Zustimmung des Verlages und des Autors unzulässig. Dies gilt insbesondere für die elektronische oder sonstige Vervielfältigung, Übersetzung, Verbreitung und öffentliche Zugänglichmachung.